여자가 밥을 살 때까지

여자가 밥을 살 때까지

백봉기 수필집

신아출판사

■ 머리 글

봄 병아리의 꿈

입춘이 지났다. 햇볕 잘 드는 언덕에서는 벌써 봄기운이 감돈다. 아마 덕진연못에 가보면 버들강아지가 머리를 내밀고 있을지 모른다. 머지않아 아지랑이 아롱거리는 파란 보리밭 사이에서 콧노래 부르며 나물 캐는 아가씨들의 모습도 볼 수 있을 것이다. 봄 하면, 나는 노란 봄 병아리가 생각난다. 금방이라도 넘어질듯 비실거리며 종종 걸음으로 어미닭을 쫓아다니더니 어느새 약병아리로 커서 영계가 되고, 계란 잘 낳는 씨암탉으로 커가는 모습을 많이 보았다.

요즘 나는 글을 쓰는 재미가 쏠쏠하다. 사물을 보는 눈이 달라졌고 세상을 대하는 가슴이 따뜻해졌다. 환경이 사람을 만든다고 했던가. 내가 변한 것은 전북문학포럼의 회원이 되면서다. 글이라고는 초등학교 때 썼던 일기와 고등학교 때 몇 번 썼던 연애편지, 그리고 직장에서 마지못해 써주는 축사가 전부였는데, 요즘 평생 쓰지 못한 글을 한꺼번에 다 쓰는 것 같다. 일기도 아니고 수필도 아닌 정체불명의 글을 쓰기 시작하더니 '무식한 사람이 용감하다.'는 말처럼 감히 등단한 문사님들의 카페에 글을 올렸다. 칭찬은 고래도 춤을 추게 한다는 말은 나를 두고 한 것 같았다. "참 재미있게 쓰셨네요." "본업을 접고 전업하면 어떨지요." "곧 등단할 것 같습니다." "당신은 완벽한 글쟁이" 등등 격려하기 위한 과찬의 말이라는 것을 알면서도 기분이 나쁘지 않았다. 사실 그때 올린 글들을 다시 읽어 보면 문맥이며 문체가 글답지 않다는 것을 알지만 처음 글을 쓴 나에게 용기를 준 회원님들께 진심으로 감사한다.

글의 수준을 떠나서 지금까지 내가 쓴 글은 60여 편, 5일에 한 편씩 쓴 셈이다. 몇 개월 전만 해도 글을 쓰고 글공부를 한다는 것은 상상치도 못했었다. 그런데 문학모임의 회원이 되면서부터 갑자기 글이 쓰고 싶어졌다.

하늘은 스스로 돕는 자를 돕고, 뜻이 있는 곳에 길이 있다는 말이 옳았다. 지나온 삶이 평탄치 않아서인지 글의 소재는 많았다. 어떤 일을 하다가도 문득 글의 주제와 글감이 떠오르고 글을 써야할 방향과 결론까지 어렴풋이 떠올랐다. 계단을 오르다가도, 서랍을 정리하다가도, 음식점의 간판을 보고도 갑자기 아이템이 떠올랐다. 생각이 바뀌면 행동이 바뀌고, 행동이 바뀌면 습관이 되어 운명까지 바꾼다는데, 이제는 글쓰기가 내 생활의 일부가 되었고 내 삶의 의미와 목적이 되었다.

달라진 것은 또 있다. 책을 가까이 하기 시작했다. 솔직히 말해서 지난 세월은 책과는 거리가 멀었다. 우편으로 받는 잡지나 홍보 책자는 곧바로 쓰레기통으로 버려지고, 지인으로부터 받은 책이라도 표지와 목차만 보고 책꽂이로 들어갔다.

다행히 지금은 잡지만 받아도 목차에서 내용까지 하나도 빼놓지 않고 넘겨 보는 습관이 생겼다. 그 속에 수필이 있으면 다 읽고, 글의 소재와 구성, 그것을 표현한 낱말과 문체, 문장력을 보면서 마음에 와 닿으면 메모했다. 기억해 두고 싶은 필자의 이름은 적어 두었다. 오래전에 발간된 간행물이나 수필집을 얻어서 읽는 재미도 좋았다.

집에서의 생활은 더 달라졌다. 퇴근하면 TV를 보다가 잠드는 것이 일과였는데, 요즘은 책 읽고 글을 쓰는 시간도 부족하다. 일주일에 두 번씩 나가는 배구운동도 빠질 때가 많고, 저녁 식사 자리는 거절할 때가 많다. 그런데 갑자기 글쓰기가 두려웠던 때가 있었다. 수필이 붓 가는 대로 쓰는 고백의 글이라고 하지만 글다워야 글이지, 쓴다고 전부 글은 아니라는 생각을 하게 되면서 자괴감에 빠져 한참 동안 글을 쓰지 못했다. 하지만 주위 분들의 도움으로 '대한문학 신인문학상'과 '한국산문' 수필공모에 당선되면서 자신감을 얻었고, 지금은 일간신문에 정기적으로 칼럼도 쓰고 있다. 하지만 아직도 돛단

배를 끌고 험한 뱃길을 열려는 뱃사공임에 틀림없다. 밀려오는 파도를 어떻게 헤치고 나가야할지 두려움에 떠는 미숙한 선원일 뿐이다. '참다운 고통 속에 사는 사람이 참다운 작가'가 된다는 어느 선배님의 말씀을 기억하면서 더 공부하고 많이 체험하면서 생각의 깊이를 키우고자 한다. 금방이라도 넘어질듯 비실거리며 어미닭을 쫓아다니던 병아리가 약병아리로 커서 영계가 되고, 계란 잘 낳는 씨암탉으로 커가는 모습을 동경하면서…….

2010. 10.

백 봉 기

| 차례 |

제2장 인연의 끈

제3장 사랑하는 나의 가족

제4장 끝없는 도전

제5장 칼럼 모음

제1장
살며 생각하며

여자가 밥을 살 때까지

우리 사회에 '남성인권보장위원회'라는 것이 있는지 모르겠다. 국민인권위원회는 있지만 남성들을 위한 인권단체가 있다는 말은 아직까지 들어본 적이 없다. 여성들을 위한 인권단체는 여성의 전화를 비롯하여 여성인권진흥원, 성폭력상담소, 전국여성연대 등 10여 개의 단체가 있는 것으로 알고 있다. 그만큼 여성들이 남성들로부터 학대를 받았다거나 성차별을 받았던 일이 많았기 때문일 것이다.

그런데 요즘 KBS 2TV에서 방송하는 '개그콘서트' 중에 남성인권보장위원회 즉 '남보원'이라는 코너가 인기를 얻고 있다. 남자 개그맨 셋이서 시위현장에서나 볼 수 있는 복장으로 머리띠를 두르고 북을 치면서, 남성들이 여성들로부터 부당한 대접을 받고 있는 것들을 조목조목 들춰내면서, 여성들에게 남성들의 인권을 존중해 달라고 호소하는 내용이다. 이 프로그램의 마지막은 언제나 "여자가 밥을 사는 그날까지 남성들이여 일어나라!"라는 외침으로 끝난다. '여자가 밥을 사는 그날까지~'라는 말은 상징적인 의미가 있는 것 같다. 밥을 사는 사람은 남자이어야 한다는 사회적 통념을 깨자는 것으로 해석하고 싶다. 남자라는 이유로 더 이상 여성들로부터 봉(?)이 되지 말자는 뜻이 아닐지. 개그로 웃고 넘어가면 되는 일이지만 어떤 때는 내 이야기처럼 느껴질 때도 있다. 얼마 전에 방송됐던 내용이다.

> 약속 시간 6시인데, 6시에 머리감냐!
> 머리감냐 머리감냐, 고데는 하지 마라!
> 다왔다고 거짓말 마라, 한 시간째 그 소리냐!
> 거짓말 마라 거짓말 마라, 니네 집 개소리 다들린다!

약속 시간이 1시간이나 넘었는데도 오지 않는 여성을 기다리며 남성들이 외치는 소리다. 만약에 6시 약속인데 그때야 머리를 감는 남자가 있다면 여자들은 어떻게 했을까? 자기를 무시하는 것이 아니냐며 화를 내거나 자리에서 일어나 가버리는 게 보통일 것이다. 그런 점에서 남자 개그맨들이 외치는 소리는 백 번 타당한 것이다.

내 경우 부부 모임이 있을 때는 본의 아니게 아내에게 거짓

말을 한다. 7시에 모임이 있다면 6시나 6시 반이라고 해야 겨우 약속시간을 지킬 수 있기 때문이다. 하루 종일 집에 있었으면서도 아내는 출발해야할 시간에 화장을 한다거나 머리를 감고 있을 때가 많았다. 늦겠다고 불평을 하면 다른 사람들도 늦게 오는데 먼저 가서 기다릴 필요가 있느냐는 것이다. 그렇게 생각할 수도 있다. 그러나 기다리는 사람들은 할 일이 없어서 일찍 온 것이 아니라는 것을 알아줬으면 좋겠다. 문제는 어려서부터 약속 시간을 지키지 않는 사람은 어른이 돼서도 시간을 지키지 않는 습관이 생긴다는 것이다. 나는 약속 시간을 지키지 않는 것은 상대의 인권을 빼앗는 일이라 생각한다. 남성인권보장위원회는 또 이렇게 외친다.

> 영화표는 내가 샀다. 팝콘 값은 니가 내라!
> 갔다온 건 안면돈데, 돈 쓴 거는 하와이냐!

남자가 돈 낸다고 먹지도 않을 것까지 시키고, 남으면 싸달라고 한 일은 없는지. 커피 값은 남자가 냈는데 쿠폰 도장은 여자가 찍은 일은 없었는지 묻고 싶다.

지난 설 명절 때의 일이다. 아이까지 딸린 두 아들 가족이 집에 왔다. 3박 4일을 같이 지내면서 지금까지 여성들의 일이라고 믿어왔던 일들이 이젠 여성만의 전담이 아니라는 것을 실감하게 되었다. 옛날에는 아이 키우는 일은 엄마의 몫이었다. 그러나 지금은 아기에게 우유 먹이는 일도, 옷을 갈아입히는 일도, 대소변을 치우는 것도 아들들이 하는 것을 보았다. 시댁에 와서 아내가 혹시 힘들지나 않을까? 하는 배려의 마음에서 도와주는 것으로 생각했지만, 솜씨를 보니 이미 단련된 1급 숙련공이었다. 집에 갈 때도 아기를 걸쳐 메고 양손에 가방과 짐 보따리를 드는 아들들을 보면서 남성인권보장위원회의 외침이 생각났다.

"손이 없냐 발이 없냐! 가방 들고 같이 가자!
집에서는 귀한 아들! 너한테는 짐꾼이냐!"

남성들이 자기주장을 내세우는 일은 당연하다. 요즘 같은 추세로 간다면 머지않아 남성인권보장위원회가 필요하지 않을까? 하는 생각마저 든다. 여성들의 권익과 권리가 높아진 만큼 의무와 역할도 남성과 같아야할 것이다. 어느 나라는 음식 값을 나누어 낸다는 말도 들었다. 웃고자 하는 개그지만 "여자가 밥을 살 때까지~"라는 남성들의 외침을 귀담아 들을 필요가 있다. 아울러 고려시대는 여성들의 사회적 지위가 남성보다 더 높았다는 것을 상기시키고 싶다. 문제는 남자든 여자든 상대를 배려하는 마음이 더 중요하지 않겠는가.

곰보 이야기

지난 설 연휴 때 같은 마을에 살던 초등학교 동창을 만났다. 그는 날계란을 먹을 때 흰자는 먹지 않고 노른자만 먹던 친구였다. 어느 땐가 나에게 흰자만 먹고 노른자는 남겨 달라고 했는데, 실수로 노른자까지 목으로 넘어가는 바람에 싸울 뻔한 친구였다. 그는 부잣집 아들이었는데 곰보였다. 우리가 곰보라고 놀리면 그 친구 할머니는 집까지 쫓아와 야단을 치고, 어느 때는 학교까지 쫓아가 곰보라고 놀린 학생의 뺨을 때린 일도 있었다. 재미있는 추억이 많았던 어린 시절, 그래서 초등학교 동창들을 만나면 더 반갑고 할 말이 많다.

오는 4월 17일과 18일, 대천에서 초등학교동창회가 있다는 엽서를 받았다. 동창회는 일 년에 두 번, 30대 초반부터 만났으니까 벌써 30년이 된다. 모이는 친구는 30~40명 정도, 졸업 때는 모두가 단발에 까까머리였는데 어느덧 할아버지 할머니가 되고, 모습도 성격도 하는 일도 제작기 다른 처지가 되었다. 공부를 잘해서 교수가 된 친구도 있고, 사업으로 돈을 많이 번 친구도 있다. 농촌에서 고향을 지키는 친구도 있고, 외국으로 이민을 가서 만나지 못하는 친구도 있다. 그리고 결혼을 두 번이나 한 친구가 있는가 하면 한 번도 못한 친구도 있다. 그렇지만 예나 지금이나 변하지 않은 것이 있다. 바로 동심이다. 만나는 순간 모두가 어린 시절로 돌아간다. 반갑다는 인사를 욕으로 시작하고, 여자동창들에게도 이름 대신 별명을 부르는 것이 보통이다. 어떤 친구는 여자동창들에게 너무 심한 욕을 하다가 여자들 방으로 끌려가 속옷까지 홀딱 벗긴 일도 있었다. 지금도 만나면 풍선게임과 2인 3각 경기를 하면서 노는 친구들이다.

그런데 술이 얼큰하게 올라오면 별것 아닌 것 가지고 싸우는 친구들이 있다. 술 많이 마시라고 싸우고, 자식 자랑하다가 싸우고, 정치문제로 싸우고, 어떤 때는 믿지도 않는 종교 때문에 싸우기도 한다. 싸움이라고 해야 큰소리치고 삿대질 몇 번 하는 게 고작이지만 늙어가는 사람들이 아무것도 아닌 일로 싸우는 것을 보면 웃음이 날 때도 있다. 그러다가 언제 싸웠냐는 듯 술잔을 부딪치며 "나는 이 친구가 보고 싶어서 온다."는 둥 금방 히히 대대거린다.

내가 회장하던 때의 일이다. "오늘은 제발 싸우지 말고 재미있게 놀다 가자!"고 건배까지 했는데, 또 싸움이 벌어졌다. 우리 동창 중에는 곰보가 셋이 있다. 한 명은 은행에 다니고 한 명은 식당 사장, 한 명은 농촌을 지키고 있는 엊그제 만난 그 친구다. 지금은 예방주사를 맞아 그런 일이 없지만 옛날에는 수두를 하다가 얼굴에 생긴 물집이 터져 여러 개 흉터가 생기는 일이 많았다. 그런 사람을 곰보라고 불렀고, 나 어렸을 적에는 흔히 볼 수 있었다.

싸움의 발단은 뒤늦게 온 서울 친구 때문이었다. 그 친구는 평생에 직장생활이나 일이라고는 한 번도 한 적이 없는데, 외제차에 골프채만 가지고 다니는 일명 '서울제비'라고 부르는 친구다. 입담이 좋고 매너가 좋아 여자 동창들한테 제일 인기가 많은 친구다. 무슨 재주로 사느냐고 물으면 국민교육헌장에 나오는 말을 인용한다. '타고난 저마다의 소질을 계발하고 그것을 약진의 발판으로 삼아~' 그렇게 실천하고 산다며 자신의 생활을 자랑삼아 말하는 친구다.

그 친구, 늦게 왔으면 인사나 하고 조용히 앉을 것이지, 술 마시고 있는 우리를 한 바퀴 둘러보더니 "저 자식들은 누가 곰보 아니라고 할까 봐 나란히 앉았냐. 곰보들끼리 계하냐?"라고 말한 것이 문제가 됐다. 하필이면 그날따라 곰보 셋이 한자리에 앉아 있었던 것이다. 웃자고 한 말이었지만 한 친구가 화를 냈다. "야이 ××야, 우리가 곰보 될 때 니가 뭐 도와준

거 있냐? 너는 과부들이나 꼬시지 뭐하러 왔냐 개××야!"라고 언성을 높였다. 결국 사고가 나고 말았다. 곰보라는 말을 평생 듣고 살아야 하는 그 친구의 입장도 이해가 갔지만 농담을 받아주지 못하는 것도 조금은 너무한다 싶었다. 가까스로 말리고 사정해서 '다시는 곰보라고 하지 않겠다.'는 약속을 하고 가까스로 상황을 끝냈다. 하지만 그 일로 우리는 밤새도록 웃고 또 웃었다. "야 너희들, 앞으로는 곰보라는 말은 절대로 하지 마라. 알았지? 곰보라고 말하는 놈이 있으면 가만두지 않겠다." "곰보라는 말 하지 말라고 했는데 또 하냐?"라며 곰보라는 말을 계속하면서 웃었다. 그리고 동창 중에 실제로 과부가 된 친구가 있었는데 그 여자동창은 최고로 인기가 있었다. 과부 꼬신다고 술도 주고, 어깨도 주물러 주고, 어떤 친구는 잠자리까지 펴주었다. 초등학교 친구들 사이에서만 있을 수 있는 일이다.

그러면서 보낸 세월이 30년! 요즘은 싸우는 친구가 없어 심심할 때가 있다. 오랫동안 만나다 보니 미운 정 고운 정 다 들고, 이제는 기분 나쁜 말은 되도록 삼가는 어른스런 생각 때문이 아닌가 싶다. 낼모레면 만나게 되는 친구들, 벌써부터 보고 싶다. 이번에는 어떤 모습들을 하고 올지. 또 어떤 재밌는 일들이 일어날지 기다려진다.

인간의 조건

아침부터 내리던 비는 오후까지도 멈추지 않았다. 비가 오는데도 봉하마을을 찾는 민초들의 발길은 이어지고, 숙연한 자세로 무덤 앞에 국화 한 송이씩을 바치고 말없이 그의 숨결과 발자취를 더듬는 사람들.

나의 눈에 먼저 들어온 것은 부엉이바위. 한참 동안 그곳에서 눈을 뗄 수가 없었다. 얼마나 힘들었으면 저 위에 올라갔을까. 왜 죽었을까. 꼭 저 길을 선택해야 했을까. 바보 노무현! 1년 전, 뉴스를 접하고 아무 말 없이 멍하니 TV 자막만 바라보고 있었던 그때가 생각났다. 사람이 사람답게 사는 세상을 꿈꿔왔던 참 대통령, 너무나 인간적이고 옳은 길만 가려고 몸부림쳤던 인간 노무현. 그래서 지금도 그의 죽음을 안타깝게 생각하는 사람들이 줄을 잇는가 보다.

봉하마을에서 돌아온 며칠 동안 나는 그의 모습을 잊을 수가 없었다. 마치 내가 30여 년 전에 책 한 권을 읽고 마음 아파했던 것처럼……. 그리고 그 책의 주인공과 노무현이 너무 많이 닮았다는 것이 내 뇌리에서 떠나지 않았다.

내가 읽었던 책은 바로 일본작가 고미카와 준페이가 쓴 소설 ≪인간의 조건≫이었다. 마지막 책장을 다 읽고는 차마 책을 덮을 수가 없었다. 소리내어 울고 싶었다. 노무현 대통령의 서거 소식을 듣고 멍하니 아무것도 할 수 없었던 때와 똑같았다. 작가의 이름을 다시 보고, 책의 제목을 다시 읽어보면서 작가를 한없이 원망했던 이유가 무엇이었던가! 참으로 인간적이고, 5일 동안 나의 영혼을 수없이 흔들어 놓았던 주인공 '가지'의 마지막 장면이 그렇게 죽음으로 끝냈어야 했는지 속상했었다. 전쟁이라는 가혹한 상황에 몰리면서도 미찌꼬에 대한 끝없는 사랑과 인간의 존엄성을 지키려 몸부림쳤던 '가지'라는 한 청년의 삶에 끝없는 연민을 느끼면서 "인간이란 무엇이며 어떻게 살아야 하는 것인지." 그 의미를 찾고자 했었다. 그리고 작가 고미카와 준페이의 인간성에 매료되어 푹 빠졌었다. 일본인이라면 막연히 거리를 두고 싶었던 나에게 그 작가만큼은 예외였다.

≪인간의 조건≫은 1962년에 우리말로 번역되어 독자들에게 큰 반향을 일으켰던 장편소설이다. 30여 년 전에 5권으로

된 책을 구입해서 하루에 한 권씩 5일 동안 책을 읽었다. 이 책이 나를 감동시킨 것은 주인공 '가지'의 끝없는 인간사랑, 바로 인간의 존엄성을 지키려는 그의 정신과 몸부림 때문이었다. 비록 포로가 되어 끌려온 사람들이지만 인간으로서의 인격이 무시되고 자존심이 짓밟히는 것을 보고는 참을 수 없어 관리자에 대항하던 주인공, 소설 속의 '가지'는 진정한 휴머니스트였고, 나에게 작은 영웅이었다.

책은 착하고 예쁜 미찌꼬와의 사랑이야기로 시작한다. 만주에 있는 제철공장에 다니던 '가지'는 같은 회사 타이피스트 미찌꼬와 오랫동안 연애를 하고 있었다. 하지만 군대에 갈 날을 기다리는 '가지'는 결혼을 미룰 수밖에 없었다. 그러다가 군대에 가지 않으면서 미찌꼬와 결혼할 수 있는 기회가 왔다. 탄광에 가서 일하면 군복무를 면제해 준다는 반가운 소식이었다. 신혼살림을 차린 두 사람이 탄광촌에서 생활한다는 것은 쉬운 일이 아니었다. 하지만 그것보다 더 '가지'를 힘들게 한 것은 탄광 소장과 관리자들의 착복과 부정을 지켜보는 것이었다. 착복당하는 불쌍한 노동자들을 본 '가지'는 참지 못하고 관리자들과 매번 마찰을 일으킨다. 한 번은 도망치던 중국인 포로들이 잡혀와 사형을 당하게 되는 형장의 목격자로 서게 된다. '가지'는 어떻게 그들을 살려낼 수 있을까 밤새 고민했다. 아내 미찌꼬는 어렵게 찾아온 행복을 빼앗길 수 없다며 '가지'의 증언을 말렸지만, '가지'는 죄 없는 중국인의 목이 두

동강이 나는 것을 보고는 헌병들에게 반항한다. 결국 중국인들의 목숨은 건졌지만 '가지'는 헌병대에 끌려가 온갖 고문을 당하다 군대에 가게 된다. 입대한 가지의 생활은 파란만장이었다. 고참들의 온갖 모욕과 만행을 견뎌야했고, 고분고분하지 않은 성격 때문에 엄청난 고난을 겪어야 했다. 전쟁 막바지에 패잔병이 되어 깊은 산속을 헤매며 추위와 굶주림, 죽을 고비를 넘기면서 일본인 피난민과 패잔병들을 이끌고 가면서 겪게 되는 그의 인간적인 사건들이 나를 감동시켰다.

마침내 혼자 몸으로 미찌꼬가 있는 마을에 도착한 '가지'의 마지막 장면, 그날은 눈이 내리고 있었다. '가지'는 잠시 걸음을 멈추고 미찌꼬가 기다리는 집의 불빛을 바라본다. "아, 얼마나 먼 길이었던가! 사랑하는 미찌꼬여, 여기까지 살아서 돌아온 나를 봐다오." '가지'는 잠시 쉬었다 가려고 나무 그루터기에 걸터앉는다. 그리고 잠시 뒤 눈꺼풀이 내려앉으면서 꿈속에서 미찌꼬를 만난다. 눈이 내리고 있다. 이윽고 눈은 사람이 누운 모양의 낮고 작은 언덕을 만들고, 피로에 지친 스물일곱의 청년 '가지'의 생애는 그렇게 끝이 난다.

이렇게 허무하게 생을 마감하는 '가지'의 삶이 너무나 불쌍해 책을 덮을 수가 없었다. 숱한 역경 속에서도 탄광촌을 지키며 '가지'가 돌아오기만을 기다리는 미찌꼬가 가여워 울고 싶었다. 나는 지금까지 한 사람을 이토록 사랑하고, 그의 삶에 감동해본 일이 없다. 청년 '가지'의 끝없는 인간애, 반칙도 특권도 없이 상식이 통하는 '사람 사는 세상'을 꿈꾸다 간 인간 노무현, 두 사람의 삶이 이 아침에 왜 나를 마음 아프게 하는지 모르겠다.

일진이 나쁜 날

초등학교 친구의 딸 결혼식이 있어서 경기도 성남에 갔다. 이미 20여 명의 친구들이 와 있었다. 식이 끝나고 서울 송파구에 있는 한 호프집으로 자리를 옮겼다. 별난 동창들이라 애경사 때 만나도 그냥 헤어지지 못하고 2차를 가야 직성이 풀리는 친구들이다. 사실 축의금만 보내도 되지만 '염불보다 잿밥'이듯이 식이 끝나고 동창들과 어울려 한 잔 하는 재미로 참석하는 경우가 많다. 뒤늦게 오늘의 주인공 혼주婚主가 오면서 분위기는 절정에 이르렀다. 부어라, 마셔라! 초등학교 친구들이 좋은 이유는 말하지 않겠다.

어느덧 시간은 네 시가 지나고 군산까지 내려와야 하는지라 아쉬움을 남기고 헤어지기로 했다. 나는 전주에 살지만 군산

친구들이 한 잔을 더하자고 해서 군산으로 가는 차를 탔다. "모두들 화장실 가서 물통 비우고 와라!" 경험이 많은 내가 소리쳤다. 대중교통이건 자가용이건 차를 탈 때는 화장실에 다녀오는 것이 좋다. 특히 술을 마신 사람이 장거리 운행을 한다거나 서울 같은 도심에서 차를 탈 때는 미리 대비하는 것이 좋다. 그런데 친구 하나가 내 말을 듣지 않고 여자들과 히히대더니 그냥 차를 타고 말았다. 염려했던 대로 출발한 지 10분도 되지 않아 그 친구, 소변이 마렵다는 것이 아닌가. 서울 한복판에서 오줌이 마렵다니 어쩌란 말인가. 더구나 서울 길을 몰라 앞차를 따라가고 있는데, 걱정이 아닐 수 없었다. 친구들 입에서 거친 말이 나오기 시작했다. "너는 옛날이나 지금이나 왜 그렇게 띨허냐?" "어디 가면 저런 놈 하나씩은 꼭 있더라." "야 그냥 바지에다 싸버려라!"

어쩔 수 없이 서울 톨게이트를 지나 해결하기로 하고 30분만 더 참기로 했다. 하필이면 그날이 주말인지라 차들은 기어갔다. 참다 못한 그 친구, 갓길도 없는 곳에서 문을 열고 내리려고 하면 우리는 위험하다며 잡아당기곤 했다.

드디어 서울 톨게이트를 나오자마자 오른쪽 벽이 있는 곳으로 차를 몰아 주차해 있는 봉고차 뒤에 차를 세웠다. 그리고 약속이나 한 것처럼 5명이 뛰쳐나가, 세 명은 벽에다, 나와 그 친구는 봉고차 뒷바퀴에 대고 실례를 하기 시작했다. 참았다 분출하는 그 순간의 짜릿함은 경험한 사람만이 알 것이다.

그런데 이게 무슨 일인가! 갑자기 봉고차가 시동을 걸더니 움직이기 시작하는 것이 아닌가. 우리는 봉고차가 주차해 놓은 빈 차인 줄 알았는데, 남녀가 데이트를 하다가 불량무기 소지자들이 들이닥쳐 차에다 물총을 쏘아대니 겁이 났던 모양이었다. 움직이는 봉고차를 두드렸지만 무심하게도 그냥 빠져나가고 말았다. 나는 멈출 수 없는 작업을 계속하면서 벽 쪽으로 옮겼지만 그 친구는 그대로 고속도로 쪽으로 발사하고 있었다. 지나가는 차들이 보면서 뭐라고 했을까? 누가 이 광경을 찍어 UCC로 인터넷에 올렸더라면 어떻게 됐을까. 참으로 웃기는 일이었다.

문제는 그것이 아니었다. 한바탕 웃고 나서 차를 탔는데, 1분도 안 돼 갑자기 비명이 터져나왔다. "야, 이게 무슨 냄새냐? 어떤 놈이 똥 밟았다. 누구냐? 빨리 문 열어라!" 또다시 야단법석에 욕설이 터지기 시작했다. "이번에는 어떤 ××냐? 칠칠맞은 놈 또 하나 있다." "야 자식들아, 내 차가 똥차냐?" "똥 밟은 놈 내려놔라."

덩치가 큰 다섯 명이 승용차에 탔기 때문에 좁아서 신발을 확인할 수도 없었다. 여자동창들이 탄 차는 벌써 휴게소에 도착해서 빨리 오라고 재촉하고, 그렇다고 위험한 고속도로 갓길에 차를 세울 수도 없었다. 그래서 문을 열고 휴게소까지만 가기로 했는데, 날씨가 너무 추워 어쩔 수 없이 차를 세우고 신발을 확인했다. 그런데 이게 무슨 운명인가! 똥 밟은 놈 내려놓고 가자고 했던 내 구두에 누런 똥 한 덩이가 붙어 있는 게 아닌가. 봉고차가 움직일 때 정신없이 벽 쪽으로 옮기면서 문제의 주인공을 밟았던 모양이다. 차 주인은 깔판까지 꺼내어 휴지로 닦고, 나는 칠칠맞다는 별별 욕을 다 얻어먹으면서 혼수로 받은 새 구두를 땅바닥에 치면서 그것을 털었다. 해질 무렵 고속도로에서 벌어진 생쇼였다. 오면서 생각해 보니 나에게 망신을 준 그 사람은 얼마나 급했으면 그곳에다 실례를 했을까 하는 동병상련의 동정심까지 생겼다. 서울에서 군산까지 3시간 이상을 차 안에 갇혀있을 꽤 지루할 뻔한 여행이 똥 밟은 사건으로 시간 가는 줄 모르고 웃으면서 내려올 수 있었다. 하지만 나는 헤어질 때까지 친구들의 웃음거리가 되어야 했다. 사람들은 똥을 밟으면 재수가 좋아 복권을 산다지만 나에게는 일진이 나쁜 날이었다. 지금도 그때만 생각하면 입가에 웃음이 번진다.

0.001의 비밀

다른 사람들에게는 부끄러워서 말조차 꺼낼 수 없는 이야기지만 문학이라는 이름으로 솔직히 고백하고자 한다.

지난 연말(2009년)에 십여 명의 친구들과 송년모임을 가졌다. 분위기는 무르익고 노래방과 가맥집을 거쳐 결국 4차에서 생선탕으로 소맥 몇 잔씩을 더 하고 자정쯤에 헤어졌다. 내 차로 같이 가야할 친구가 대리운전기사를 불렀다. 그리고 우리는 시동을 걸어놓고 차 안에서 기사가 오기를 기다렸다. 그런데 10여 분이 지나도 기사가 오지 않았다. 연말 대목이라고는 하지만 기다려도 오지 않으니 조금씩 화가 나기 시작했다. 친구들 사이에서 취소하고 다른 단골기사를 부르겠다는 말이 나왔다. 문득 내 머릿속에 "오늘은 날씨가 추워서 아무리 연말이라 하지만 경찰도 사람이니까 단속을 하지 않을 것이다." 라는 생각이 들었다. 마침 정읍에서 온 친구가 근처에 있는 찜질방에서 자고 가겠다며 그곳까지만 데려다 달라는 것이었다. 그래서 대리운전을 취소하고 운전석에 앉았다. 친구들이 안 된다고 만류했지만 나는 자랑이라도 하듯, "술 먹고 딴 면허증 이런 때 쓰라는 것 아니야. 무서우면 내려라!"며 큰소리치고 유유히 차를 몰고 나왔다. 몇 분쯤 지났을까. 갑자기 눈앞이 깜깜했다. 아니 번쩍번쩍하는 붉은색 교통신호봉 수십 개가 눈에 들어오는 것이 아닌가! 순간 차 안은 "어어~ 단속이다!"하는 소리와 함께 쥐죽은 듯 적막이 흐르고 "어떻게 하지?"라는 비명에 가까운 소리가 들렸다. 심장이 뛰다 못해 멈출 것 같았다.

나는 도살장에 끌려가는 소처럼 어쩔 수 없이 단속반 앞으로 다가갔다. 그리고 창문을 여는 순간 "이 사람 취했다!"고 소리치는 소리와 함께 전경 몇 명이 달라붙었다. 한 사람은 차키를 뽑고 다른 두 명은 내 팔을 끼고 길 건너편에 있는 경찰차, 일명 닭장차로 끌고갔다. 이게 무슨 창피인가. 드디어 올 것이 왔다는 생각이 들었다. 경찰버스 안에는 두 명의 경찰이 있었다. 한 명은 이파리가 4개, 한 명은 전경인 듯싶었다. 그리고 잠시 뒤 경찰 한 명이 음주측정기를 들고 올라왔다. 면허증을 뺏고 몇 가지를 물어보더니 운전석 쪽에 붙어 있는 글을 읽어보라는 것이다. 음주측정을 거부하면 업무방

해로 곧바로 구속하겠다는 경고문이었다. 그리고 나이 먹은 사람이 잡혀온 것이 안됐던지 물 한 컵을 주더니, 측정기를 내 앞에 대고 설명하기 시작했다. "빨간불이 들어올 때까지 불어야 하고, 숫자가 0.05를 넘으면 음주운전으로 입건됩니다. 알았죠?" 그리고 숫자 올라가는 것을 직접 확인하라는 듯 측정기를 내 눈앞에 갖다 댔다.

사실 0.1이 나오면 면허취소에 벌금이 수백만 원, 0.05만 나와도 면허정지 100일에 벌금이 50만 원 이상이다. 그뿐만이 아니다. 경찰서와 검찰청에 왔다갔다해야 하고 음주운전 전과범이라는 기록이 평생을 따라다닌다. 순간 별별 생각이 다 떠올랐다. 운전하지 말라고 말리던 친구들, 서울에서 큰아들이 왔는데 밖에 나간다고 투덜대던 마누라, 정말 후회막급이었다. 하얀 빨대를 입에 갖다 댈 때는 모든 것을 체념한 상태였다. "될 대로 돼라. 면허 취소되면 말고 벌금 내라면 내면 되지 뭐." 나는 아무 거리낌 없이 눈앞에 있는 빨대를 힘껏 불었다. 빨간불이 들어오더니 0.01, 2, 3, 4까지는 빠르게 올라갔다. 그러다 0.041부터는 서서히 올라가더니 어느새 0.046, 7, 8까지 올라갔다. 그때부터 갑자기 떨리기 시작했다. 0.05까지 올라가면 안 된다고 소리치고 싶었다. 그런데 기적이 일어났다. 분명 9자를 보았는데 0.049에서 멈추면서 삐~소리가 나는 것이 아닌가!

안심의 한숨을 쉬기도 전에 경찰관의 목소리가 들렸다. "선생님을 0.001 차이로 훈방 초치하겠습니다. 하지만 술을 드셨으니 운전은 하지 말고 대리운전으로 가십시오."하더니 차 있는 데까지 데려다 주었다. 이것은 운이 아니라 운명이었다. 조상님의 은덕을 넘어 신의 은총이었다. 도무지 나 같은 졸필은 이런 때 쓸 수 있는 적절한 문구를 찾을 수가 없어서 안타깝다. 지금도 그 친구들은 닭장차 안에서 있었던 일을 믿지 않고 있다. 자초지종을 구체적으로 설명해도 믿지 않는다. "네가 먹은 술이 얼마인데 훈방조치라니, 혹시 무릎 꿇고 빌다 온 것은 아니냐?"고 묻는 친구도 있고, 내 배후에 경찰서장쯤 되는 어마어마한 권력자가 있다고 믿는 사람도 있다.

"오늘은 기쁜 날, 친구가 무사히 귀환한 날이니 한 잔 더하자!"며 나를 포장마차로 끌고 갔다. 그리고 또 술을 마셨다. 분명한 것은 이번에는 대리운전으로 귀가했다는 것이고, 0.001이 덜 나온 비밀은 그날 감기 기운이 있어서 잔을 들었다 놨다 하면서 술을 적게 마셨다는 것이다.

결혼임기제

우리나라 이혼율이 심각할 정도로 증가하고 있다. 2008년 통계에 따르면 한 해에 결혼한 사람은 약 32만 쌍이고 이혼한 사람은 13만 쌍이었다고 한다. 부끄럽게도 이혼율이 OECD국가 중에서 3위다. 문제는 이혼이 신혼부부에서 40~50대 장년층을 넘어 60~70대 노년층으로 확산되고 있다는 것이다. 황혼이혼이 10년 사이에 세 배로 증가했고 해가 갈수록 증가율이 더 높아진다고 한다. 모임에서 자주 만나는 어느 노인복지관장의 말에 따르면, 상담자의 상당수가 부부로부터 무시를 당하고 있으며, 지금이라도 좋은 이성을 만나 편히 살고 싶다는 말을 거침없이 한다는 것이다.

요즘 유행하는 유머시리즈 중에 현 시대를 반영하는 이야기가 있다. 병원에 입원한 70대 노인이 옆에 누워 있는 60대에게 "어떤 일로 병원에 입원했나요?"라고 물으니 "아내에게 밥상차려 달라고 했다가 이렇게 됐습니다."라고 대답했다. 그러자 70대 노인이 "나는 외출하는 아내에게 어디 가느냐고 물어봤다가 이렇게 됐습니다."라고 하자, 두 사람의 대화를 듣고 있던 80대 노인이 "나는 정말 억울합니다. 아침에 눈 떴다고 이렇게 됐습니다."라고 말했다고 한다. 고령화시대에 남자들의 입지를 단편적으로 보여주는 유머로 그냥 웃고 넘길 일이 아니다. 아마 젊은 시절에 남편으로부터 많은 구박을 받았다거나 참으면서 살아야 했던 세월의 아픔과 설움이 뒤늦게 폭발하는 것이 아닌가 싶다.

그러고 보니 나도 가끔은 아내로부터 늙으면 보자는 말도 듣고, 늙어서 밥 얻어먹으려면 지금부터 잘하라는 압력을 받기도 한다. 남자와 여자가 연을 맺고 한평생을 백년해로 한다는 것이 쉬운 일은 아닌가 보다. 그런가 하면 한 TV다큐멘터리 프로그램에서는 부인의 죽음을 안타깝게 여긴 남편이 무덤 옆에 천막을 치고 아침저녁으로 아내에게 밥상을 차려주고 무덤을 어루만지면서 사는 가슴 뭉클한 이야기가 소개됐었다. 부부의 사랑이란 저런 것이 아닌가 싶어 크게 감동을 받았었다.

결혼식에서 신혼부부가 반드시 해야 하는 것이 있다. 혼인서약이다. '어떠한 경우라도 일생 동안 고락을 함께하면서 부부로서의 도리를 다하고 오직 당신만을 사랑하겠다.'는 것이다. 그러나 많은 사람들이 성격 차이로, 시댁 문제로, 외도와 폭력으로, 하물며 코를 심하게 곤다는 이유로 갈라서고 있다. 따지고 보면 전혀 다른 환경에서 자라고 성격과 이상이 다른 두 사람이 만나 상대의 입장을 배려하면서 산다는 것이 결코 쉬운 일은 아닐 것이다.

그래서 나는 이런 뉴스를 한 번만이라도 듣고 싶어 엉뚱한 생각을 해봤다. 공중파방송 9시 뉴스에서 "이혼하지 않으려고 도망다니던 두 부부가 경찰의 끈질긴 추적 끝에 인천공항에서 붙잡혔습니다. 두 사람은 가발을 쓰고 있었으며 행선지는 미국인 것으로 알려졌습니다. 경찰은 한편 그동안의 행적을 조사 중이며 위장살림까지 차렸을 경우 법정 최고형이 불가피할 것으로 알려졌습니다."라는 뉴스다. 이혼을 하지 않으려고 도망을 다니다 경찰에 잡혔다니 무슨 말인가! 물론 있을 수 없는 허튼 생각이다. 하지만 이혼율을 줄이기 위해 결혼임기제를 시행해 보자는 것이다. 기간은 대통령 임기처럼 5년으로 하고, 자치단체장처럼 3회에 한해서 연임할 수 있다는 법을 만들면 어떨지. 연임을 할 경우는 두 사람이 합의하여 읍면동사무소에 신고를 하고, 싫으면 자동적으로 이혼이 되는 것이다. 설사 마음에 안 드는 것이 있어도 임기까지만 참으면 되니까 자연히 이혼율도 줄어들 것이다. 또한 싫은 사람과 마주보면서 한평생을 아등바등 살 필요도 없을 것이다. 임기가 끝나는 마지막 해는 재미있는 일이 많을 것이다. 연임을 결정하는 해이기 때문에 상대에게 좋은 점수를 얻기 위해 각서를 쓰는 사람도 있을 것이고, 새로운 이성을 찾기 위해 최고의 전략전술을 세우는 사람도 있을 것이다. 백수나 주정뱅이, 도박꾼은 사라지고, 결혼상담소와 좋은 배우자 고르는 법을 가르치는 학원이 많이 생길 것이다.

만일 세 번이나 연임을 했는데도 두 사람이 헤어질 수 없다면 감옥에 갈 각오로 도망다니면서 살 수밖에 없다. 위장 이혼을 하고 몰래 만나면서 정을 통하는 사람도 있을 것이고, 어쩔 수 없이 외항선을 타거나 위조여권을 만들어 외국으로 도망가는 사람도 있을 것이다. 끝까지 같이 살고 같이 죽겠다는 부부들, 상상만 해도 얼마나 아름다운 일인가!

뒷모습이 아름다워야

인간은 사회적 동물이다. 혼자서는 살 수 없으며 수많은 사람들과의 관계 속에서 살아간다. 가족이라는 관계도 있고, 학교나 직장, 사회생활을 하면서 맺게 되는 관계도 있다. 그런 관계에 있는 구성원은 마땅히 지켜야할 품위와 양식良識이 있다. 그것이 바로 명예이다. 사람들은 자신의 잘못으로 소속된 단체의 명예에 흠을 낼까 봐 조심스럽게 처신하고 절제된 생활을 한다. 사관생도들이 명예를 가장 소중하게 생각하는 이유도 여기에 있다. 개인의 영달을 버리고 명예롭게 살고 명예롭게 죽는다는 것이 그들의 생활신조다. 얼마 전에 교육 비리에 연루된 교장이 목메어 자살한 것도 결국은 교육자로서의 명예 때문이었을 것이다.

지난여름에 사무실 직원의 배려로 가족들과 함께 무주에 있는 한 콘도에서 1박 2일을 보낼 수 있었다. 원래는 2박 3일로 배정된 방이었는데 동료직원이 갑작스런 일이 생겨, 우리 가족과 다른 가족이 1박씩을 나눠 쓰게 됐다. 우리 가족이 먼저 1박을 하고, 다음날 귀가하는데 갑자기 아내가 콘도로 되돌아가자고 했다. 무엇을 놓고 온 줄 알았는데, 화장실 쓰레기통을 비우지 않고 왔다는 것이었다. 콘도까지 되돌아가려면 10여 분은 더 가야하는데 조금 망설여졌다. 그렇다고 콘도 직원에게 비워달라고 할 수도 없었다. 고민 끝에 다음에 입실하는 사람의 전화번호를 알아내 죄송하다며 양해를 구하고서야 마음 편하게 귀가할 수 있었다.

얼마 전에 새만금깃발축제가 열리는 현장을 답사하려고 새만금방조제를 따라 신시도 쪽으로 갔다. 휴일이라서 다른 지방에서 온 관광차들이 많았다. 마무리 공사 중이어서 신시도 행사장으로 들어가는 차량들은 통제를 받고 있었다. 특히 신시도에서 배수관문을 거쳐 부안으로 연결되는 도로는 사전에 허락을 받은 차만이 들어갈 수 있었다. 그래서 우리 일행은 행사장까지만 갔다 오기로 하고 차례를 기다렸다. 우리 차 앞에는 7~8명이 탄 ××종교단체의 이름이 붙은 승합차가 있었다. 그들은 신시도 관문을 지나 부안 쪽으로 가고 싶었던 모양이다. 그런데 통제소에서는 허가된 차량이 아니라며 되돌아가라고 차를 옆쪽으로 유도했다. 그러자 승합차는 길가 쪽으로 빼는가 싶더니 그냥 부안 쪽으로 도망치는 것이었다. 통제소 직원이 호각을 불면서 따라갔지만 차는 그대로 사라지고 말았다. 화가 난 통제소 직원은 우리에게 들으라는 듯이 "종교 믿는다는 사람들이 저러니 누가 믿겠습니까?"라며 화를 참지 못했다. 같은 일행도 아닌데 그 말을 듣는 우리가 창피했다. 세상에 저럴 수가 있을까. 너무나 어이가 없었다. 나와 같이 간 사람은 한술 더 떠서, 그 종교단체 사람들까지 싸잡아서 욕을 했다. 돌아오는 내내 뺑소니치던 승합차의 뒷모습이 떠올라 마음이 언짢았고 우리 사회의 단면을 보는 것 같아 뒷맛이 씁쓸했다.

사람이 동물보다 나은 것은 이성과 양심이 있기 때문이다. 지켜야 할 도리와 법도를 안다는 것이다. 우리 집 애완견은 자신의 잘못을 뉘우칠 줄 안다. 주인 몰래 말썽을 부리고 나면 주인한테 야단을 맞을까 봐 꼬리를 내리고 몸을 낮추면서 주인의 눈치를 살핀다. 인간답게 산다는 것은 명예와 양심을 소중히 생각하며 산다는 것이다. 승합차를 탄 그들에게 "얻고자 하는 자는 잃을 것이요, 잃고자 하는 자는 얻을 것이라."는 성서의 말씀을 상기시키고 싶다. 지는 해가 뜨는 해보다 더 아름다운 것은 하늘을 붉게 물들이면서 넘어가는 석양이 감동을 주기 때문이다. 갈수록 각박해지는 현대에 번지르르한 앞모습보다 그 뒷모습의 여운이 아름다운 사람이 많은 사회가 되었으면 좋겠다.

이미자 콘서트와 초대권

며칠 전, 만찬모임이 끝난 뒤에 생각지도 않은 노래자랑이 벌어졌다. 위원장이 '이미자 효孝콘서트' 초대권 10매를 상품으로 내놓았기 때문이다. 인원은 15명 정도, 이 중에서 노래 잘하는 사람 5명을 선정해 초대권 2매씩을 주겠다는 것이다. 모두가 좋아했다. 자신을 위한 초대권이라며 모두가 의기양양했다. 특히 여성위원들이 더 좋아했다.

얼마 전부터 TV에서 '이미지 孝콘서트'에 대한 광고가 나왔고, 어버이날을 앞두고서 어른을 모시고 있는 사람이라면 누구나 욕심을 낼 만한 상품이었다. 5월 가정의 달에 어른에게 드릴 선물로 이미자 孝콘서트 초대권만 한 것이 어디 있겠는가. '동백아가씨' '섬마을 선생님' '여자의 일생' 등 지난날 이

분들의 삶을 눈물로 적셔주고 가슴 메이도록 그리움을 달래주던 영혼의 목소리, 엘레지의 여왕 이미자 씨가 아니던가! 사실 나도 꼭 보여드리고 싶은 분이 있었다. 5개월째 손자를 돌봐주고 있는 안사돈 어른이다.

맞벌이하는 작은아들이 손자를 낳았는데 마땅히 돌봐줄 사람이 없던 터에, 칠순이 가까운 안사돈께서 바깥사돈을 혼자 계시게 하고, 아들네 집에 와서 손자를 돌보고 있기 때문에 늘 죄송스럽게 생각하고 있었다. 손자를 낳기 전에도 텃밭에서 기르는 고추며 감자, 시금치 등을 보내주시고 가을에는 밤과 단감을 따서 보내주시던 분이셨다. 잘됐다 싶었다. 이번 기회에 초대권을 받게 되면 안사돈 내외분에게 드려야겠다고 생각했다. 다른 데서라면 몰라도 노래방 같은 언더그라운드에서는 팔팔 나는 '난다 백'이 아니던가.

그런데 이게 무슨 연고인가. 자의 반 타의 반으로 내가 사회를 보면서 심사를 하라는 것이 아닌가. 노래자랑에 참가할 수는 없지만 그래도 심사 몫은 있을 거라고 은근히 기대하며 진행을 맡았다. 내 임의대로 심사기준을 발표했다. 음주가무인 관계로 음정박자는 필요 없고, 첫째는 태도, 즉 춤 솜씨를 보겠다는 것이고, 둘째는 관객의 반응, 백댄서(Back Dancer)가 얼마나 많느냐는 것, 셋째는 선곡, 분위기 깨는 노래는 감점처리하겠다고 했다. 드디어 노래자랑이 시작되었다. 그런데 모두가 노래와 춤 솜씨가 보통이 아니었다. 누구를 뽑아야할

지 걱정이 될 정도였다. 심사하는 나에게 술이며 안주며 뇌물 공세도 들어왔다. 마침 그 자리에 변호사가 있어서 "이것을 받아먹으면 뇌물죄에 속하느냐?"고 물었더니 여기는 "해방특구"라며 괜찮다고 했다. 심사는 떨어뜨릴 만한 이유를 찾는 것이었다. 한 사람만 바라보면서 노래하거나 뒷모습을 보이면서 노래한 사람들은 모두 떨어뜨렸다. 느린 노래를 부른 사람들은 분위기 파악을 못한 죄로 낙방시켰다. 말 그대로 엿장수 마음대로였다. 결과는 여성위원 4명과 남자 1명이 선정되었다. 모처럼 칼을 휘두르니 기분은 좋았지만 나에게 주어진 것은 아무것도 없었다.

그때에 위원장이 본인이 쓰려고 아꼈던 것이라며 2매를 더 내놓았다. 패자부활전을 해서 한 사람에게 더 주라는 것이었다. 이번에는 기회를 놓치고 싶지 않았다. 심사는 부위원장에게 맡기고 나도 도전장을 내밀었다. 본선보다 더 뜨거운 것이 패자부활전, 마지막 초대권 두 장을 놓고 열전을 벌였다. 드디어 내 차례, 분위기를 봤을 때 아주 빠른 곡보다는 춤추면서 노래하기에 좋은 최유나의 '와인글라스'가 좋을 성싶었다. 그래서 나의 장기인 노櫓춤을 시작으로 섹시춤과 꽈배기춤을 섞어 추면서 노래를 불렀다. 내 일생에 그렇게 최선을 다해본 적은 없었다. 라이트클럽이나 어떤 무도회에서도 그날처럼 혼신을 다해 춤추며 노래해 본 적은 결코 없었다. 모두가 열광의 도가니였고, 심사위원도 저런 사람은 처음 본다는 시선으로 나를 바라보았다. 물 묻은 바가지에 깨 붙듯이 내 앞으로 여성들이 모여들었다. 땀이 온몸을 적시고, 짜릿짜릿한 스킨터치가 계속됐다. 노래가 끝난 후에는 앙코르까지 나왔다. 드디어 심사결과가 나올 시간, 당연히 표 두 장은 내 것이라고 생각했다. 하지만 결과는 모임을 주관한 기관장님 앞으로 가고 말았다. 심사님의 말씀이 나는 제비라서 상을 줄 수가 없다는 것이었다. 조금 섭섭하기는 했지만 기분이 나쁘지는 않았다. 모두가 잘된 일이었다. 오랜만에 스트레스를 풀 수 있는 막춤까지 출 수 있어서 좋았고, 잠시나마 안사돈 어른의 노고를 생각하며 은혜에 감사하는 마음을 가질 수 있어서 좋았다. 그 일이 있은 뒤, 나는 어버이날에 공연하는 창극 '맹진사댁 경사났네.' 입장권을 구입해 사돈어른들께 보냈다. 앞으로 그것보다 더한 보답으로 사돈어른들의 고마움을 두고두고 잊지 않겠다고 마음먹었다.

12월이면 생각나는 노래

또 한 해가 가고 있다. 20~30대만 해도 나이 한 살 더 먹는 것이 무슨 벼슬이라도 하는 것처럼 신이 났는데, 요즘은 나이 한 살 더 먹은 것이 괜히 죄송스럽다. 그래서 누가 나이 젊게 보인다는 말을 하면 낯꽃이 펴지고 고맙기까지 하다. 어느 때는 "나이는 숫자에 불과하다."고 스스로 위안을 하기도 하지만 사실 생활의 범주가 좁아지는 것은 어쩔 수 없다. 얼굴에는 잡티가 생기고 잔주름이 길어지면서 나이는 결국 '순'자를 달았다. 그래서인지 나이 한 살 더 먹는 계절이 오면 생각나는 노래가 있다. 그 노래가 한때는 내 애창곡이기도 했다.

어느 날 밤 10시가 넘은 시간에 지인으로부터 전화가 왔다.

대구에서 세미나를 마치고 학회 사람들과 노래방에 왔는데, 언젠가 백형이 불렀던 노래의 제목이 생각나지 않아 전화를 했다는 것이다. 회식모임에서 내가 불렀던 그 노래가 너무나 마음에 들어 일부러 배웠는데, 막상 부르려고 하니까 제목이 생각나지 않는다는 것이었다. 그 노래가 바로 12월이면 생각나는 노래, 가수 현진우가 부른 '빈손'이다. 내가 이 노래를 좋아하는 이유는 가사가 마음에 와 닿기 때문이다. 있는 사람이나 없는 사람이나 돌아갈 때는 빈손인 것, 호탕하게 웃으며 살다가 구름처럼 가자는 내용의 노래이다. 어쩌면 허무주의적인 노래 같기도 하지만 인생을 즐겁게 살자는 쾌락주의자나 낭만주의자들이 좋아할 법한 노래이다.

♬검은 머리 하늘 닿는 아 잘난 사람아 이 넓은 세상 보이지 않더냐
검은 머리 땅을 닿는 아 못난 사람아 저 높은 하늘 보이지 않더냐
있다고 잘나고 없다고 못나도 돌아갈 땐 빈손인 것을 호탕하게 원 없이 웃다가 으라차차 세월을 넘기며 구름 따라 흘러들 가게나♬

마치 피안의 세계에서 세상살이를 다 굽어보는 전지전능하신 분이나 방금 산에서 내려온 도사가 주는 가르침 같은 노래이다.

얼마 전에 뇌물수수로 조사를 받으러 가던 시장이 목을 매고 자살한 일이 있었다.

그 전에는 두산그룹의 회장까지 한 분이 자살했고, 그 전에는 현대아산 회장이 빌딩에서 투신해 생을 마감한 일도 있었다. 정말 예쁘고 잘 나가던 대중스타들도 어떤 사연이 있는지 스스로 목숨을 끊은 일도 있었다. 전직 대통령이 투신했을 때는 온 국민이 공황상태에 빠지기도 했다. 참으로 안타깝고 허무한 일이다. 그래서 가수 최희준은 인생이란 잠깐 머물다 가는 '하숙생'이라 했고, 남진은 '빈지게' 같다고 했다. 뿐만 아니라 인생은 '나그네'요 '미완성'이라고 노래한 가수들도 있다. 분명한 것은 빈손으로 왔다가 빈손으로 돌아간다는 것이다.

내가 '빈손'이란 노래를 처음 들었을 때는 늦가을이었다. 낙엽이 뒹글고 따뜻한 햇살이 그리워지는 때였다. 대부분 대중가요가 사랑 타령이나 이별이 어떻고 아픔이 어쨌다는 등 신세 타령이 대부분인데, 이 노래는 그렇지가 않았다. 이 곡의 가사는 원래 중국의 고서에 나온 것인데, 작사가인 박웅 씨가 우리말로 번역했다는 것이다.

그 뒤 초등학교 동창회 송년모임을 앞두고 어떤 노래를 부를까 고민할 때가 있었다. 30대에 만나 장가가서 아들딸 낳고 열심히 살겠다고 세상풍파 다 겪으면서 살아온 친구들이다. 만날 때마다 얼굴에 세월의 흔적이 또렷해지고, 살아온 세월보다 가야할 세월이 짧은 '순'자 단 친구들, 문득 '빈손'이라는 노래가 생각났다. 시기적으로도 잘 맞고 박자에 맞춰 노래하기도 좋고, 더 좋은 것은 신곡이라는 것이었다. 그래서 2~3일 만에 노래를 배워 이 노래를 불렀다. 느끼는 감정이 같아서인가. 모두들 마음에 와 닿는 노래라며 "앵콜, 앵콜! 그 노래 너무 좋다. 한 번만 더 불러달라."며 요란이었다.

그날 친구들과 나는 많은 술을 마셨고, 덕분에 인생에 대한 이야기도 많이 나눴다. 여기저기서 "인생 뭐 있어!" "걱정들 마라!" "즐겁게 살면 돼!"라며 수차례 술잔을 부딪쳤다. 그리고 '빈손'의 노랫말을 여러 번 되새겼다.

'있다고 잘나고 없다고 못나도 돌아갈 땐 빈손인 것을, 호탕하게 원 없이 웃다가 으라차차 세월을 넘기며 구름처럼 흘러들 가게나~'

편지에 대한 상념想念

며칠 전에 K작가님이 보낸 편지 한 통을 받았다. 카페에 올라가 있는 내 글을 읽고 느낀 점을 적어서 보낸 편지였다. 뜻밖에 받아본 편지라 깜짝 놀랐다. 더구나 자필로 쓴 편지라서 더 감동적이었고 감사하는 마음이 컸다. 그러고 보니 누구로부터 편지를 받아본 적은 아마 20년이 더 넘는 것 같다. 물론 써 본 일도 없다.

마지막 편지를 받아본 것은 동생이 육필로 써 보낸 편지였다. 그때 나는 동생의 편지를 읽으면서 하염없이 눈물을 흘렸다. 아버님이 돌아가시고 가정 형편이 어려워져 동생이 공부를 그만둬야 하는 서러움을 토해낸 편지였다. 장남인 나의 잘못이 크다는 생각에 눈물을 멈출 수가 없었다. 그 뒤로 나는 동생이 좋아하는 일은 최선을 다해서 도왔고, 연극을 좋아한 동생은 결국 전라북도 연극협회 회장까지 맡았었다. 하지만 아직도 그 때 받았던 편지의 내용은 동생의 얼굴처럼 가슴에 그대로 새겨져 있다.

휴대전화가 나오고, 문자서비스와 메일이라는 전자우편이 등장하면서 편지만이 가지는 아름다운 꿈동산이 사라졌다. 마치 아담과 이브가 에덴동산에서 쫓겨났듯이. 편지는 문자나 전자우편이 주지 못하는 감동과 호소력이 있다. 편지를 쓸 때의 진솔함과 간절함, 무엇보다 따뜻한 인간의 정이 깃들어 있다. 그런데 요즘은 흔한 우편엽서마저도 보기가 힘들고, 겨우 배달되는 것은 청첩장과 고지서, 관공서에서 가끔 보내는 홍보물이 고작이다. 쉽고 빠르고 간편한 것만 좇아 사는 세상이 야속하다.

얼마 전(2010. 3. 4.) 미국 ABC방송은 존 F 케네디 대통령의 연애편지가 경매시장에서 1억 3천만 원에 낙찰됐다고 보도했다. 케네디의 연인이었던 스웨덴 여성 구닐라 폰 포스트 씨가 50여 년을 은밀히 간직해오다 공개한 11장의 편지와 3통의 전보였다. 거기에는 애절하고도 열정적이었던 두 사람의 사랑이야기가 담겨져 있었다. "아름다운 당신의 모습이 자꾸 떠올라 뜨거운 내 심장이 두근거립니다." "오늘 급히 할 말이 있소. 내 부인과 여동생이 이리로 온다고 하오. 감정이 복잡하오. 내가 할 수 있는 것은 그저 당신이 있는 쪽을 바라보며 당신을 생각하는 것뿐이오."라는 케네디의 사연이 있었다.

36세의 케네디가 21세의 금발미녀 포스트 양을 처음 만난 것은 프랑스의 한 휴양지, 재클린과 결혼하기 전 상원의원 시절이었다는데, 두 사람의 관계는 재클린과 결혼한 뒤에도 계속됐다고 한다. 바람기가 많은 케네디였지만 전화 대신 편지를 주고받았다니 역시 케네디는 멋지고 낭만적인 사람이었다는 생각이 든다. 또한 케네디가 대통령이 되고, 암살당하는 숱한 사건들을 지켜보면서 케네디와의 아름다웠던 사랑이야기를 편지로 간직하다, 이제야 세상에 공개한 78세 포스트 씨의 삶도 멋있어 보인다.

사실 대부분의 사람들은 케네디와 포스트보다 더 뜨겁고, 구구절절이 애절하고 감동적인 사랑의 편지를 가슴에 담고 있다. 수십 통의 편지를 보관하고 있는 사람도 있을 것이다. 우체부 아저씨만 봐도 반가웠던 시절. 그래서 어른이 된 지금도 어니언스가 부른 '편지'라는 노래를 들으면 그때 가졌던 설렘이 되살아난다.

♬ 말없이 건네주고 달아난 차가운 손, 가슴속 울려주는 눈물 젖은 편~지

하얀 종이 위에 곱게 써내려간 너의 진실 알아내고 난 그만 울어버렸네~♬

편지는 그리움의 상징이다. 전화가 없던 시절, 멀리 있어

만날 수 없었던 사람과 대화를 나눌 수 있는 방법은 오직 편지뿐이었다. 밤늦도록 오직 그 사람만을 생각하면서 쓰던 편지, 쓰고 찢고 다시 쓰고, 다음날 봉투에 우표를 붙여서 우체통에 넣을 때는 마치 기도하는 소녀의 마음 같은 순수함과 소망도 함께 보냈다. 답장을 기다리는 마음은 더 애틋했다. 우체부 아저씨가 올 시간이면 아예 대문 밖에서 기다릴 때도 있었다.

얼굴도 모르는 사람에게 펜팔 편지를 쓸 때는 더 긴장되고 설렘이 있었다. 많은 청춘들이 이렇게 편지로 정이 들고, 어느 날 낯선 고장, 공공건물 앞에서 만나, 서로의 그리움을 확인하고 결혼까지 골인한 사람들도 많았다. 나는 친구의 부탁으로 두세 번 펜팔 편지를 써준 일이 있다. 편지를 보낸 여성한테 답장이 오면 선물을 준다고 해서 여자를 감동시킬 수 있는 세상에서 가장 감동적이고 아름다운 글을 써야만 했다. 그래서 서점에 가서 시집을 뒤적거리다가 좋은 구절이 있으면 적어 오기도 했다. 그리고 답장이 왔을 때는 합격통지서라도 받은 것처럼 기뻐했다. 그런데 요즘은 빨간 우체통을 보기가 힘들어졌다. 우체국에서 주로 하는 업무도 편지 대신 택배나 인쇄물을 배달하는 것이 대부분이다.

지금도 나뭇잎 무늬가 들어 있는 은은한 연분홍색 편지지가 있을까. 요즘은 어떤 우표가 있고, 우표 값은 얼마나 될까. 갑자기 누군가에게 편지를 쓰고 싶다. 오늘은 '고도원의 아침편지'처럼, 내가 주인공이 되어 누군가에게 육필 편지를 서야겠다. 그래, 오랫동안 만나지 못한 초등학교 때 그 친구에게 그리움의 편지를 써야겠다. 편지 속에는 고향냄새가 물씬 풍기는 솔잎과 최근에 핀 춘란, 재스민 꽃잎 하나씩을 같이 넣겠다. 그리고 우체국에 찾아가 직접 편지를 붙이겠다.

미래의 땅 역사의 땅

전날부터 내리던 비가 아침까지도 멈추지 않았다. 여행을 취소하자는 사람도 있었지만 계획대로 강행하자고 했다. 이번 일정은 얼마 전에 개통한 새만금방조제 현장을 둘러보고 고창의 문화유적을 관광하는 것이었다.

일행을 태운 버스는 시원하게 뚫린 새만금 바다 위를 달렸다. 추적추적 내리는 빗속으로 물안개가 피어올랐다. 목적지인 신시도도 보이지 않았고, 길 양쪽으로 펼쳐져 있는 바다도 안개에 가려 보이질 않았다. 마치 피안의 세계를 향하여 미지의 땅으로 달리는 사람들 같았다. 곧게 뻗은 33km! 19년이란 세월이 만든 길, 숱한 굴곡의 역사를 만들어냈던 새만금사업. 하지만 지금은 아무 말이 없다. 아니 먼 여정을 헤집고 달려온 세월이 '깃발축제'라는 이름으로 승리자가 되어 돌아온 듯 대견스러운 모습으로 일행을 맞는다. 우리보다 먼저 온 사람들의 차들이 즐비하게 주차해 있었다. 저들은 어떤 생각들을 하면서 이곳에 왔을까.

새만금공사는 1991년에 첫 삽을 떴지만 개발과 보존이라는 논제를 놓고 싸우다 몇 년간 공사를 중단하기도 했다. 역사상 가장 평화롭고 절박했던 싸움. 이곳에서 서울까지 310킬로미터를 삼보일배三步一拜하며 가던 중에 길바닥에서 의식을 잃고 쓰러진 사람도 있었다. 한쪽에서는 시민단체와 환경운동가들이 몰려와 갯벌을 보존하자며 갖가지 퍼포먼스를 펼치기도 했다. 참으로 사연 많은 새만금이다.

새만금이 한눈에 들어오는 배수관문 전망대에 올랐다. 아파트 5층 높이의 배수관문이 10개, 우리나라 최대의 관문으로 한 개의 무게가 500톤이라 했다. 신시도의 절반을 잘라 쌓았다는 33km의 방조제와 여의도의 140배가 된다는 끝이 보이지 않는 넓은 땅, 참으로 인간의 힘이 무섭다는 생각이 들었다. 앞으로 이곳에는 최첨단과학단지와 신재생에너지단지, 복합농업지역과 관광단지, 그리고 신항만물류단지와 국제업무센터 등 세계가 주목하는 복합형 국제신도시가 들어선다고 한다. 누군가는 말했다. '새만금은 우리나라뿐만 아니라 전라북도의 천 년을 책임질 최고의 효자가 될 것'이라고. 그래서 희망의 땅이고 약속의 땅이며 미래의 땅이라고 했다. 믿고 싶다. 꼭 그렇게 되기를 소망하면서 고창으로 달렸다.

고창은 역사문화가 흐르는 땅이다. 고창읍성과 무장읍성, 세계문화유산으로 지정된 고인돌유적지와 판소리박물관 등 문화유적이 그대로 남아 있고, 우리나라 최초의 여류 명창 진채선과 판소리의 이론을 유산으로 남긴 동리 신재효 선생, 그리고 동학농민혁명의 선봉장 전봉준이 태어난 곳이다. 또한 명창 김소희와 근촌 백관수, 미당 서정주 시인 등 근현대사에 걸쭉한 인물들을 많이 배출한 정신문화의 고장이다. 새만금이 역동과 미래의 땅이라면 고창은 예스러움과 선사문화가 고스란히 남아 있는 역사의 땅이다.

고인돌유적지를 둘러보고 박물관에 이르렀다. 어쩌면 타임머신을 타고 천 년의 세월을 넘어 선사시대, 조상들의 모습으로 되돌아온 것 같았다. 최첨단과학이라는 문명의 이기를 앞세워 자연을 정복하며 사는 사람들이 있는 이 땅에, 움막집을 짓고 맨손으로 사냥을 하고 부싯돌로 불을 지피며 살아온 순박한 우리 조상들이 있었다는 것이 너무나 아이러니했다. 고인돌은 집단적 질서와 기복신앙을 위해 세운 것이라 했다. 자연의 섭리에 순응하며 살다 후손들에게 지석묘 하나씩을 남기고 간 조상들. 그렇게 세워진 고인돌이 이곳에 447기基, 고창 전역에는 2,000여 기의 고인돌이 있어 우리나라 최대의 고인돌 조밀지가 되었단다. 새만금사업 현장에서 불과 한 시간 거리에 천 년의 역사 선사문화가 그대로 보존돼 있다는 것이

나를 혼란스럽게 했다. 잠시 시간여행을 하고 돌아와 일행은 '미당시문학관'을 찾았다. 한 송이 국화꽃을 바라보면서 생명의 고귀함과 자연의 섭리를 노래한 시인이 우리 고장에 있었다는 것이 너무나 고맙고 자랑스러웠다. 보잘 것 없는 풀 한 포기에 자연의 이치와 삶의 철학을 말하려 했던 미당 선생님,

> 한 송이 국화꽃을 피우기 위하여 봄부터 소쩍새는 그렇게 울었나 보다.
>
> 한 송이 국화꽃을 피우기 위하여 천둥은 먹구름 속에서 또 그렇게 울었나 보다.
>
> (중략) 노란 네 꽃잎이 피려고 간밤엔 무서리가 저리 내리고 내게는 잠도 오지 않았나 보다.

우리네 삶에 너무나 많은 가르침을 주는 시이다. 국화 한 송이를 피우기 위해 그런 과정이 필요했듯이 어떤 성장에도 시련과 방황이 필요하다는 것이 아닐지. 무엇보다 생명의 신비함을 국화에 비유함으로써 생명과 자연의 존엄성을 느끼게 하는 것이 아닌가 싶다. 〈국화 옆에서〉를 음미하면서 갯벌에서 생명의 소중함을 깨우치려고 또 그렇게 몸과 마음을 아끼지 않았던 사람들을 생각했다. 19년이라는 세월을 견디며 새만금방조제를 완성시킨 사람들의 인내와 기다림도 생각해봤다. 봄, 여름, 가을, 숱한 고통을 견뎌야 아름다운 꽃을 피울 수 있다는 교훈을 마음에 새기며 차에 올랐다. 그리고 바랐

다. 목이 터져라 소원하던 소쩍새가 있어 국화가 피었듯이, 새만금도 국민들의 뜨거운 염원으로 우리나라를 대표하는 명품 '아리울'로 멋지게 태어나기를…….

인생역전

군산상고의 야구를 말할 때는 언제나 '역전의 명수'라는 닉네임이 따라다닌다. 1972년 제26회 황금사자기 전국고등학교 야구대회 결승전에서 9회 초까지 1대 4로 뒤지다 9회 말에 5대 4로 역전시키며 우승한 경기가 너무나 드라마틱해서 그런 별명이 붙게 되었다. 감동적인 이 이야기는 그 뒤로 〈역전의 명수〉라는 영화로도 만들어졌다. 운동경기에서 최고로 쾌감을 느낄 때는 응원하는 팀이 역전승을 할 때다. 물론 처음부터 잘 싸워서 이기는 것도 좋지만 짜릿한 승리의 맛은 역시 뒤지고 있다 마지막에 역전승을 하는 것이다. 그런데 역전의 명수였던 군산상고가 제40회 봉황대기 전국고교야구대회 결승전(2010. 8. 17.)에서 대구고등학교에게 역전패를 당했다. 9회

초까지 1대 0으로 앞서다 9회 말에 동점을 허용하더니 연장전에서 1대 2로 석패했다. 안타깝게도 역전의 명수가 역전을 당하고 말았다.

역전승은 스포츠에만 있는 것이 아니다. 우리 삶에도 있다. MBC는 10월 중순부터 〈역전의 여왕〉이라는 드라마를 방송한다고 한다. 역경을 딛고 일어나 결국 인생을 역전승하는 한 주부의 모습을 그린다고 한다.

'역전'은 극적인 전환점 즉 반전이라고도 하는데, 희극에서 주인공의 불행한 운명이 행복하게 전환되는 것을 가리킬 때 쓰인다. 그래서 소설이나 드라마를 구성할 때 극적인 효과를 높이기 위해 필수요건으로 쓰고 있다.

얼마 전에 중국의 한 거지가 매스컴을 타더니 일약 스타의 반열에 오른 일이 있었다. 허름한 차림의 거지인데도 얼굴이 잘생겨 '얼짱 거지'라는 이름이 붙어 세간에 화제가 되더니 어느 날 갑자기 광고모델로 발탁되어 인생역전된 이야기다. 그의 이야기는 영화까지 나올 예정이라고 하니 현대판 신데렐라 스토리가 아닐 수 없다. 상황은 조금 다르지만 축구계에도 신데렐라가 나왔다. 노숙자에서 몸값 133억짜리 프로축구선수가 된 베베(20세)라는 선수가 화제의 주인공이다. 그는 정식으로 교육을 받은 일이 없다. 고아원 출신인 그는 어린 시절 생활이 어려워 노숙자 신세로 전전했다고 한다. 하지만 축구에 대한 재능이 있어 노숙자를 대상으로 하는 '홈리스(Homeless)

월드컵'에서 두각을 나타내 포르투갈 3부 리그에 진출했고, 무서운 성장세를 보여 결국 1부 리그에 진출하는 영광을 얻었다. 뿐만 아니라 그의 실력과 득점력은 유럽을 놀라게 했고, 어느새 유명 구단 스카우터들의 눈길을 사로잡았다. 그 중에는 스페인의 명문구단 레알 마드리드와 영국의 맨체스터 유나이티드도 있었다. 결국 그는 박지성 선수가 몸담고 있는 세계 최고의 축구클럽 맨체스터 유나이티드의 유니폼을 입게 되는 행운을 잡았다. 그의 몸값은 우리 돈으로 133억 원. 실로 놀라운 일이 아닐 수 없다. 돈 한 푼 없이 거리를 배회하며 노숙생활을 해야 했던 그가 그야말로 인생역전을 한 셈이다.

얼마 전 SBS의 〈스타킹〉이라는 프로그램에서 인생역전 드라마의 주인공 베스트5가 소개됐다. 평범한 사람이 스타킹에 출연한 뒤, 일약 스타가 되거나 큰돈을 번 사람들의 성공사례를 소개했다. 모두가 감동적이었다. 특히 필리핀의 가난한 가정에서 태어난 펨핀코라는 소녀는 우연히 스타킹에 출연한 뒤, 그의 영상이 유튜브(You Tube)를 통해 전 세계로 퍼지면서 미국 최고의 음악 프로듀서의 눈에 들어, 미국의 팝가수가 되어 빌보드차트 8위에 오르는 기적을 만들었고, 스타킹 출연자들을 눈물바다로 만든 시각장애 피아니스트 유예은(7세) 양은 방송 후에 각종 음악 프로그램에서 인기그룹 아이돌과 함께 특별무대에 서고, 영국의 캐롤 천사 코니 탤벗을 만나 감동의 하모니를 선사하기도 했다. 그 중에서도 가장 드라마틱한 인생역전극을 펼친 사람은 단연 버블맨(Bubble man) 정일권(35세) 씨였다. 그는 비눗방울 수입업체를 운영하다 실패하여 생계를 고심하던 중, 천만 원의 빚을 갚기 위해 비눗방울 묘기를 개발하여 스타킹에 도전했다. 방송에 소개되면서 평범한 한 사나이의 인생은 일대 전환점을 맞았다. 첫 회가 나갈 때만 해도 고작 비눗방울 하나가 평범한 그를 아시아 최고의 버블 아티스트로 만들어 주리라곤 누구도 상상하지 못했다. 지난 어린이날에는 '비눗방울에 사람 100명 넣기 신기록'까지 수립하는 등 아시아 최고의 버블 아티스트로 등극하기에 이르렀다. 무엇보다 놀라운 것은 그가 일궈낸 경제적 역전승! 방송 후 불과 2개월 만에 2억 원의 수입을 올린 것은 시작에 불과했다. 지금은 십여 명의 직원까지 거느린 어엿한 버블공연 업체의 대표가 되었다. 참으로 기적 같은 인생역전 드라마의 주인공이 되었다.

많은 사람들이 인생역전을 꿈꾼다. 언젠가는 나에게도 행운이 올 것이라는 막연한 기대감으로 사는 사람도 있고, 나처럼 돼지꿈이라도 꾸기를 바라는 사람도 많을 것이다. 인생역전이 아니라도 절반의 성공만이라도 기대하는 사람도 있을 것이다. 하지만 자신의 삶을 반전시키고 성공시키는 일은 결코 쉬운 일이 아니다. 시각장애 피아니스트 유예은 양이, 노래하는 필리핀 소녀 펨핀코가, 버블맨 정일권 씨가 그냥 스타의 자리에 오른 것이 아니다. 노숙자에서 일약 축구스타가 된 베베 역시 그냥 신데렐라가 되지는 않았다. 그 자리에 오르기까지 피나는 노력과 아픔이 있었을 것이다. 인생의 나락으로 곤두박질치고 수십 번 좌절하고 싶은 때도 있었을 것이다. 역전과 성공은 누구에게나 주어지는 것이 아니라, 준비된 사람만이 얻을 수 있는 기회이고 영광일 것이다. 성공의 비결은 학벌도, 뛰어난 미모도 아닌 실력과 노력, 그 어떤 환경에서도 자신을 던질 수 있는 열정이 참 비결이 아닐지. 대구고등학교와 군산상고 야구중계를 보면서 운동이건 인생이건, 언제든지 누구나, 결코 포기하지 않고 두드리면 역전에 재역전을 할 수 있다는 진리를 새삼 깨닫게 되었다.

제2장

인연의 끈

너를 가슴에 묻으련다

출장 갔다 밤늦게 돌아왔다. 다른 때 같으면 제일 먼저 달려와 안아 달라고 벌떡벌떡 뛰어야할 뭉치가 보이지 않았다. 이상하다고 생각하려던 참에 안방에서 흐느끼는 듯한 아내의 목소리가 들렸다. "뭉치 죽었어. 뭉치 여기 있어." "이게 무슨 소리야 뭉치가 죽다니!"

10년을 같이 산 애완견 뭉치는 끝내 주검이 되어 차디찬 시신으로 누워 있었다. 수건을 걷어치우고 뭉치를 보는 순간 눈물이 쏟아졌다. "뭉치야, 아저씨다. 왜 죽었냐?" 아내가 울먹이며 말했다. "죽어가면서도 당신을 기다리느라 현관문 쪽만 바라보고 있었어." 그래서인지 죽어서도 눈을 감지 못하고 동그란 눈으로 나를 쳐다보고 있었다. 너무나 가여워서 참으려 해도 눈물이 멈추지 않았다.

밤새 잠을 이루지 못하고 새벽녘에 뭉치를 보낼 준비를 했다. 상자 바닥에 수건을 깔고 뭉치를 눕혔다. 그리고 뭉치가 입던 옷이며 장난감, 먹다 남은 밥과 심장병약도 같이 넣었다. 하늘나라에선 가슴 아파하지 말고 마음껏 뛰면서 살라고 소원했다. 상자를 닫으려할 때는 아내의 울음소리가 더 컸다. "미안하다. 뭉치야, 엄마 잘못 만나 더 빨리 저 세상으로 가는구나! 너를 살리지 못해서 미안하고 미안하다." 뭉치를 어루만지며 흐느끼는 아내 때문에 나도 또 울었다. "뭉치야, 잘 가라. 병 없는 하늘나라에서 다시 만나자!"

건강하던 뭉치가 석 달 전부터 숨을 헐떡이더니, 결국 미용하던 동물병원에서 기절하는 일이 있었다. 심장이 약해서 수술하지 않으면 죽을 수도 있다는 진단이 내려지고, 수술을 해도 오래 산다는 보장을 할 수 없다는 것이었다. 어쩔 수 없이 약물치료를 택했다. 가능한 뛰지 않도록 했고, 약이 되는 것은 무엇이고 사다 먹였다.

그런데 월드컵축구 때 우리나라가 아르헨티나와 축구하던 날, 아내와 딸이 냄비와 페트병을 두드리며 응원하고 있는 사이, 큰 소리에 충격을 받은 뭉치의 심장은 멈춰가고 있었던 모양이다. 그래서인지 축구가 끝난 뒤부터 숨을 가쁘게 몰아쉬더니 목을 길게 빼고 혀를 내놓기 시작했다 한다. "뭉치야, 죽지 마. 죽으면 안 돼 안 돼!" 뭉치의 입을 벌리고 인공호흡까지 시켰지만 꺼져가는 뭉치의 생명을 잡을 수는 없었다고 한다.

이른 아침에 뭉치를 땅에 묻었다. 내가 근무하고 있는 한국소리문화의전당 뒤쪽, 물 빠짐이 좋고 햇볕이 잘 드는 잔디밭이었다. 50센티미터 깊이로 땅을 파고, 바닥에 수건을 깐 다음에 뭉치를 눕혔다. 그리고 가지고 간 뭉치의 물건들을 곁에 놓고 수건으로 감싼 다음 흙으로 덮었다.

10년 전에 잘 자라던 애완견 시추가 장염으로 죽은 뒤로 다시는 동물에게 정을 주지 않겠다고 마음먹었었다. 하지만 강아지를 좋아하는 아내가 데려온 아기 뭉치가 너무 귀엽고 예뻐서 되돌려 보내지 못하고 식구로 받아들였다. 강아지에게 정을 주고 또 한 번 마음 아파하는 내가 될 줄은 몰랐다.

퇴근하여 집에 오니 아내의 눈은 퉁퉁 부어 있었다. 뭉치에게 더 잘해주지 못해 후회스럽다며 저녁준비를 하는 내내 눈물을 닦았다. 뭉치에 대한 사랑이 저런 것인가 싶어, 어쩌면 뭉치는 나보다 더 행복하다는 생각도 들었다. 아내 몰래 작은 아들에게 전화를 했다. "우진아! 뭉치 때문에 엄마의 마음이 너무 아픈 것 같다. 내일 건우(손자) 데리고 집에 오면 좋겠는데 어쩌겠니?" 아들은 무슨 뜻인지 눈치채고 그렇게 하겠다고 했다. 뭉치보다 더 좋아하는 것이 있다면 오직 손자였기 때문이다.

다음날 뭉치가 쓰던 것들을 말끔히 정리했다. 뭉치 집과 외출할 때 쓰던 가방, 덮고 자던 이불, 식기류 등을 모두 버렸다. 그리고 대청소를 했다. 지금 이 시간에 내가 할 일은 가족들이 빨리 뭉치를 잊게 하는 것이었다. 하루 빨리 집안에 평온을 되찾게 하는 일이었다.

그런데 초저녁부터 천둥이 치기 시작했다. 유난히 천둥소리를 무서워했던 뭉치, 여느 때 같았으면 어디서 들려오는 소리인지 두리번거리다, 이불 속이나 화장실로 숨으려고 정신없이 날뛰던 뭉치였는데, 뭉치가 없는 자리가 너무 커보였다. 밤이 깊어지자 제법 굵은 비가 내렸다. 잠을 설치던 아내가 뭉치 생각이 났는지 말을 꺼냈다. "비가 많이 오는데 뭉치는 괜찮을까?" "장마가 져도 걱정 없을 거야. 경사진 곳이라 물 빠짐이 좋고 잔디로 잘 덮었으니까. 걱정 안 해도 돼!" 하지만 걱정이 되어 날이 새면 가보고 싶었다.

다음날 아침, 비가 그쳤다. 아내에게 같이 가자고 하려다 말을 멈췄다. 뭉치에 대한 생각을 빨리 잊게 하고 싶어서였다. 가는 길에 꽃가게에 들러 하얀 국화 두 송이를 샀다. 뭉치의 무덤가는 너무나 조용하고 한적했다. 저쪽으로 산에 오르는 사람들의 인기척이 있었을 뿐, 흐르는 물소리라도 들릴 것 같았다. 저 새들은 무슨 새일까. 내 마음을 아는지 모르는지 산새들의 지저귐이 오늘따라 구슬프게 들려온다. "뭉치야, 아저씨 왔다. 밤새 무섭지 않았어? 아저씨가 지켜줄게. 매일같이 찾아올게. 그리고 결코 잊지 않겠다. 너를 내 가슴에 묻겠다." 국화 꽃잎을 따서 무덤 위에 뿌렸다. 평소에 조용한 것을 좋아했던 뭉치가 이제야 편안한 휴식을 취할 수 있게 된 것 같아 돌아오는 발걸음이 조금은 가벼웠다.

서랍을 정리하며

겨울비가 내린다. 잔설이 녹고 겨우내 한구석을 차지하고 있던 지저분한 것들이 쓸려나가고 있다. 덕분에 세차를 해야 할 내 차도 먼지를 털고 있다. 잘됐다 싶어 나도 서랍과 사무실을 정리하기로 했다. 지난 연말부터 묵은 것들을 정리하겠다고 마음은 먹었지만 차일피일 미루다 오늘에 이르렀다. 이번에는 중요한 것만 남기고 버릴 것은 모두 버리려고 마음먹었다. 서랍을 열어보니 사람의 세상만큼이나 서랍 속의 세상도 복잡하다. 제일 윗칸을 열어보니 인주와 도장, 수첩, 명함철, 계산기, 보다 말고 넣어둔 서류들, 어디에 쓰려고 가져왔는지 초시계까지 있다. 다음 칸은 치약과 칫솔은 물론이고 머리빗과 손톱깎이, 통장, 차마 집으로 가져갈 수 없었던 사진들, 맨 아래는 동창회 서류와 CD들, 화장품과 기능식품, 하물며 컵라면에 나무젓가락까지 온통 뒤죽박죽이다.

내가 이렇게 살았나 하는 생각이 들었다. 직원들에게는 책상정리 잘하고 쓰고 난 컵이나 신문은 제자리에 놓자며 깔끔한 체했던 내가, 보이지 않는 서랍 속이라고 아무렇게나 내팽개친 것이 부끄러웠다. 설마 다른 사람이 내 서랍을 열어보지는 않았을 것이라 생각하고 청소를 시작했다.

먼저 남겨둘 것과 버릴 것을 일일이 가렸다. 이곳에 넣을 때는 필요할 때 쓸 요량으로 넣어뒀지만 시간이 지나니 쓸모없는 것들도 많았다. 전에 다니던 회사에서 버리고 왔어야할 것도 있고, 사회에 나가면 꼭 필요할 것 같아서 챙겨둔 것도 있다. 물건 하나하나에 의미를 주면서 서랍을 정리했다. 명함철을 정리할 때는 나와 연을 맺었던 많은 사람들의 얼굴과 기억들이 주마등처럼 지나갔다. 이런 일 저런 일로 만났던 많은 사람들, 가수와 매니저들, 섬으로 여행 갔다 하룻밤을 묵었던 민박집 아주머니의 얼굴, 강원도 속초에서 근무할 때 만났던 사람들, 가볼 만한 음식점들의 이름, 이 세상에서 최고의 자산은 친절과 정직이라는 것을 무언으로 가르쳐 주셨던 직장 선배님, 모두가 나에게 소중한 동반자들이었다. 한 번 더 만날 수 있다면 참으로 좋으련만 다시는 볼 수 없을 것 같은 분들의 명함은 버려야 했다. 버렸다가 다시 집어넣고 넣었던 것 다시 빼서 버리고, 인연의 끈이 이런 것인가 싶었다. 책장을 정리할 때는 시간이 더 걸렸다. 여기저기서 날아온 정기간행물들, 행사장이나 세미나에 참가했다가 가지고온 팸플릿과 관련 책자들, 그 중에서 가장 아까운 것은 역시 지인으로부터 오래전에 받았던 책들이다. 시간 있을 때 꼭 읽어봐야겠다고 책장 한쪽에 꽂아둔 책들이 물끄러미 나를 쳐다보고 있다. 6개월 안에 읽지 않은 책은 쓰레기로 생각하라는 말이 있다지만 막상 버리려고 하니까 아까웠다. 특히 작가님이 직접 내 이름까지 적어서 보내준 책은 버리려니 너무나 죄스러워 다시 책꽂이에 꽂아두었다. 어쩔 수 없이 버려야할 책은 몇 장이지만 책장을 넘기면서 그분의 마음을 읽었다. 어떤 글은 잠시 하던 일을 잊고 끝까지 다 읽었다. 이제 내 손을 떠나면 다시는 오지 못할 슬픈 이별이다. 아마 소각장으로 들어가거나 운이 좋으면 재생지로 다시 태어날지도 모르겠다. 우리네 삶도 인연의 고리가 이어지면 소중한 동반이 될 테지만 그렇지 않을 때는 슬픈 버림으로 생을 마감하지 않을까?

책장과 서랍 속은 말끔해졌지만 버릴 것들을 바라보니 섭섭하다. 하지만 살다 보면 버려야 얻는 이치도 있지 않는가. 손에 든 물건을 버려야 다른 물건을 다시 잡을 수 있는 것처럼 그러나 추억까지 지워버리고 싶지는 않았다. 물건 하나 명함 하나하나에 주어진 존재의 의미와 기억들은 결코 버리고 싶지 않았다. 반나절 내내 서랍과 책장은 청소했지만 결국 내 가슴속의 서랍은 정리할 수가 없었다. 몇 년이 지난 뒤 다시 이런 날이 올 때는, 저 빈자리에 어떤 물건들이 자리를 잡고 있을까. 저 명함철에는 어떤 사람들이 어떤 기억으로 다가와 자리를 잡을까. 아름다운 인연으로 내 가까운 곳으로 찾아올 손님은 누가될지 기대해 본다. 어느덧 하루해가 갔다. 이제는 덕진 연못가에 서성이고 있는 봄이 찾아와도 좋을 성싶다.

인연因緣의 섬 명도

산과 바다, 둘 중에 하나를 선택하라면 나는 바다로 간다. 그렇다고 산을 싫어하거나 산이 가진 깊이와 이로움을 모르는 것은 아니다. 쪽빛 바다! 확 트인 바다는 보는 것만으로도 답답했던 가슴이 뚫리고 뱃속까지 후련해진다. 머리 아픈 세상일들을 뒤로하고 육지를 떠나 섬으로 달려가는 것만으로도 스트레스는 날아가고, 없던 기운이 살아난다. 그래서 찌든 생활이 싫증날 때면 나는 바다로 나간다.

내가 산보다 바다에 더 시선을 두는 이유는 단지 바다가 좋아서만은 아니다. 나에게는 특별한 인연이 있기 때문이다. 대학 다닐 때 동아리에서 2년간 봉사활동을 갔던 곳이 명도라는 섬이었다. 명도는 군산에서 2시간 30분 거리, 30여 세대에

100여 명이 사는 조그만 섬이다. 지금도 그 섬에 가면 고향에 온 것같이 낯설지 않고, 처음 보는 사람을 만나도 전혀 어색하지가 않다. 이장은 나랑 동갑이어서 친구처럼 지내고, 어촌계장과 청년회장, 조금 젊다는 사람들은 모두 호형호제하는 사이가 되었다. 내가 명도에 갈 때면 제일 먼저 두 편으로 나누어 족구를 하고, 여기저기서 가져온 안주를 펼쳐놓고 술판을 벌인다. 모두가 이웃이고 한 식구들이다.

명도에는 뭐니뭐니해도 먹을 것이 많아서 좋다. 금방이라도 배를 타고 나가면 팔딱팔딱 뛰는 활어를 건져오고, 호미하나 들고 갯바위 쪽으로 나가면 주먹만 한 홍합을 한 바구니씩 딸 수가 있다. 물이 빠지면 전복과 조개를 캐고, 바지락을 잡아 라면에 넣고 끓이면 해장술국으로는 최고의 명품이 된다. 또한 명도에서 빼놓을 수 없는 것은 해질 무렵 방파제에서 낚시를 하면서 보는 낙조다. 석양에 바다를 붉게 물들이는 노을은 두고두고 잊지 못할 장관이다. 보름달이 뜨는 때, 방파제에 앉아 있으면 지는 해와 떠오르는 달을 같이 볼 수 있다. 오른쪽에는 지는 해, 왼쪽에는 뜨는 달. 이태백도 달과 해를 같이 보면서 술을 마시지는 못했을 것이다.

그 섬과 나의 인연은 40년이 된 지금도 계속되고 있다. 2008년 7월 초, 평소 친분이 있던 명창 신영희 선생과 그 섬을 찾았다. 조용히 2~3일 쉬었다 올 수 있는 곳으로 여행하고 싶다고 해서 명도로 안내했다. 역시 명도 사람들은 인정이 많았다. 싱싱한 해산물을 굽고 찌고 회로 무치고, 산에서 직접 채취한 나물로 만든 음식들은 정성 이상이었다. 신영희 씨와 섬사람들은 처음 본 사람들 같지 않게 함께 어울려 밤이 깊도록 놀았다. 술이 얼큰해지자 자연스럽게 노래가 나오고 춤이 나왔다. TV에서만 보던 신영희 씨와 밤늦게까지 같이 있다는 것만으로도 잊지 못할 추억이었다. 다 다음날 섬에서 나올 때는 주민들이 선착장까지 배웅하며 석별의 정을 나누고, 마을에서 준비한 전복을 한 아름씩 선물로 줬다.

배를 타고 나오면서 신 선생님이 먼저 말을 꺼냈다. "백 선생, 섬사람들이 너무 고마워 제자들을 데리고 와서 공연 한번 해주고 싶은데 좋은 방법이 없을까요?" 사실 나도 명도 사람들을 위한 것이라면 무엇이든 하고 싶었다. 그래서 무대와 음향 등 공연준비는 내가 맡기로 하고, 신 선생님은 공연을 책임지기로 했다. 날짜는 그해 7월 28일, 소식을 듣고 가장 기뻐한 것은 섬사람들이었다. 갑자기 고군산도서민 한마당잔치가 벌어지게 됐다. 마을이 생긴 이래 최고의 경사라며 이웃 마을 말도와 방축도, 장자도 등지에서도 주민들이 찾아오고, 군산시장과 의원들, 수협조합장, 면장 등 주요 인사들까지 초대됐다. 돼지를 잡고 떡과 과일을 준비하고, 생선회는 너무 많아서 다 먹을 수가 없었다. 신영희 선생의 판소리는 물론 민요중창과 가야금연주, 살풀이춤에 품바타령 등이 공연되었고, 2부에서는 네 명의 인기가수까지 출연한 '고군산도서민노래자랑'도 가졌다. 그 인연으로 지난해에도(2009년 5월 17일) 신영희 선생과 나는 명도에서 효孝 잔치를 하고 왔다.

사람마다 인연이 있다. 가죽처럼 질긴 인연도 있고 낙엽처럼 금방 떨어지고 마는 인연도 있다. 불교에서는 옷깃만 스쳐도 인연이라고 하는데, 어떤 인연이든 그 인연이 소중하고 오래오래 간직되기를 바란다. 나와 명도 사람들과의 인연은 해가 갈수록 더 깊어지는 것 같다. 애경사가 있을 때는 서로 왕래하고, 고군산도서민체육대회가 있을 때는 나도 명도선수가 되어 운동을 한다. 얼마 전에는 재혼한다는 사람의 부탁으로 섬에 들어가 주례를 서주고 왔다. 저 바다 건너서 만나 한 번 맺은 그 인연이 끊이지 않고 오래오래 이어지기를 기원한다.

잊지 못할 엄마학생

얼마 전에 ≪우렁각시의 꿈≫이라는 시화집 한 권을 받았다. 표지에는 '하늘과 가장 가까운 길 차마고도의 사람들'이라 쓰여 있고, 수줍다 못해 대문 뒤로 숨으려는 순박한 티베트 여인의 사진이 실려 있었다. 첫 장을 넘기니 '백봉기 교수님께, 김한하 드림'이라는 글씨가 보였고, 출판기념회 초대장까지 들어 있었다. 순간 나는 깜짝 놀랐다. 책의 저자가, 내가 아는 사람이었을 뿐만 아니라 대학교 1학년 학생의 신분으로 차마고도에 다녀와서 시화집을 냈다는 것이 의외의 일이었기 때문이다.

그녀와 내가 처음 만난 것은 백제예술대학 방송시나리오극작과 강의실에서였다. 그녀는 강의실의 맨 앞 줄, 강의하는 내 바로 앞에 앉아 있었고, 그 뒤 학기를 마칠 때까지 계속해서 그 자리에만 앉아 강의를 듣던 학생이었다. 그녀는 처음부터 예사롭지 않았다. 20여명 학생 중에서 나이가 가장 많았지만 강의실에 들어가면 제일 먼저 자리를 잡고 있었고, 항상 집에서 준비해온 홍차나 발효차를 가지고와 나에게 한 잔씩 따라주곤 했다.

나는 그녀가 30대 초반쯤 되었으리라 생각했는데 알고 보니 40대 초반에 군대 간 아들이 있다고 했다. 그녀는 강의 내용을 하나도 빼놓지 않고 적었으며, 질문과 답변도 가장 활발한 학생이었다. 그날의 강의는 다큐멘터리작품의 구성과 제작기법에 대한 것이었다. 그래서 한국 다큐멘터리의 역사를 새로 쓴 작품, ≪차마고도≫를 구입해서 보여주었다. 차마고도茶馬古道는 2007년에 KBS에서 제작 방송한 것으로 제작 때부터 세계 방송인들의 주목을 받았던 프로그램이다.

티베트에서 중국 윈난성까지 장장 5,000Km, 세계에서 가장 높고 험하고 위험한 길을 따라 마방들이 교역하는 것을 동행 취재한다는 것은 보통 어려운 것이 아니었다. 그래서 영국 등 다른 나라에서 다큐멘터리로 제작하려다 중도에 포기한 일도 있었다. 이 작품은 제작 전에 이미 11개국으로부터 방송계약을 했고, 제작 후에도 20여 개 나라로 수출한 프로그램으로 대자연의 웅장함과 문명을 등진 체 처절하리만큼 힘들게 살아가는 사람들의 실생활을 소개한 작품이었다.

그녀는 그날의 강의를 더 열심히 들었고 질문도 많이 했다. 강의가 끝난 뒤에는 올여름에 차마고도를 다녀오겠다는 말을 했다. 결국 방학 기간에 차마고도를 다녀와서 ≪우렁각시의 꿈≫이라는 시화집을 발간하게 된 것이다.

또한 그녀는 대단한 의지의 여성이었을 뿐만 아니라 인정도 많은 사람이었다. 한 번은 그녀로부터 초대를 받았다. 어떤 좋은 일이 있느냐고 물었더니 "남편이 전주 남문시장에서 정육점을 운영하는데, 같은 학과 학생들이 기숙사에서 생활한다고 제대로 먹지 못하는 것 같아 집으로 초대해서 삼겹살 파티를 해주려고 한다."며 나도 동참해 줄 것을 부탁했다. 어머니 같은 그녀의 마음씨! 아니 어머니라도 누구나 할 수 있는 일이 아닌 정말 아름다운 일을 한 그녀에게 고마운 마음을 갖지 않을 수 없었다. 그 뒤로 나는 그녀를 '엄마학생'으로 생각하기로 했다.

내가 그녀를 좋아하게 된 이유가 또 하나 있다. '2009 전라북도민속예술축제'를 주관하는 관계로 휴강을 하고, 학생들에게 보강 날짜를 잡아달라고 했다. 사실 나는 일이 많아서 보강수업을 하지 않고 쉬었으면 좋겠다는 생각을 하고 있었다. 그래서 날짜 정하기가 어려우면 그냥 쉬자고 했더니 엄마학생이 "교수님 안 돼요. 다른 과목이라면 몰라도 교수님 강의는 꼭 들어야 해요. 학생들이 다 좋아해요."라고 말하는 것이었다. 야속하다는 생각이 들기도 전에 고맙고 감사하다는 마음이 들었다. 내 강의를 꼭 듣고 싶어하는 학생이 있다는 것이 얼마나 고마운 일인가. 강단에 서는 사람으로서 그 이상 바랄 것이 뭐가 있겠는가. 그 일이 있고부터 나는 정성을 다해 강의를 준비했고, 학기가 끝날 때까지 하루 4시간씩의 강의를 소홀히 할 수 없었다. 그 뒤로 그녀를 전북예총에서 운영하는 '사랑티켓 모니터요원'으로 위촉했는데, 이번 시화집을 보고는 그가 '온글문학'회원이고 예술집단 '부지땡이'대표이며 '풍남문예술제전위원회'사무국장으로 활동하면서 수차례의 사진전을 가졌었다는 것을 알았다.

그녀는 모든 면에서 모범생이었다. 내가 맡은 과목은 '방송의 이해'와 '영상기초'였는데, 엄마학생은 중간고사와 기말고사에서 모두 A+를 받았다. 내가 맡은 과목뿐만 아니라 아마 모든 학과에서 A+를 받아 학과에서 수석을 했을 것이다. 그녀가 펴낸 시화집에 대한 백제예술대학 김동수 교수님의 평을 그대로 옮겨보겠다.

> ≪우렁각시의 꿈≫ 그것은, 그에게 있어서 제2의 고향, 곧 그가 꿈꾸는 미지의 이상적 처소處所로서의 또 다른 고향일 것이다. 제1의 고향이 그가 태어난 생래적이고도 원초적인 호남평야에서 생성된 '아我로서의 들녘'이라면, 제2고향은 그가 사회적으로 새롭게 태어날 보다 큰 '비아非我의 가치 지향적 · 이상적 동경'의 세계일 것이다.

맞다. 내가 본 그녀는 웅크리고 있는 개구리가 한순간에 뛰어오르듯, 연어가 강한 물줄기를 타고 높고 넓은 강으로 솟아오르듯, 분명히 제2의 처소를 향해 힘차게 날개를 펼 것이다. 그리고 누군가를 위해 거품 나는 비누로 남루한 집을 구석구석 청소하고, 맛있는 한 끼의 식탁을 차리는 우렁각시의 꿈이 꼭 이뤄질 것이리라.

마지막 시험이 끝났을 때 나에게 다가와 아쉬운 마음으로 말하던 그녀의 목소리가 귓전에서 맴돈다. "교수님, 잘 가세요. 언제나 또 만날 수 있을까요?" "열심히 들어줘서 고마워. 잘 있어!" 몇 몇 학생들과 악수를 나누다 눈시울이 뜨거워, 뒤도 돌아보지 못하고 강의실을 빠져나오던 나에게 "교수님, 감사해요. 안녕히 가세요!"라고 소리치던 학생들의 목소리가 지금도 들리는 듯하다.

울리고 웃긴 주례사

누구나 결혼식 때의 기억은 잊지 못한다. 백합같이 곱던 아내의 얼굴, 늠름했던 남편의 모습, 더구나 식장에서 실수한 일이 있었다면 더 잊히지 않을 것이다. 식장에 늦게 도착한 사연이나 드레스를 밟아 넘어졌던 일, 순서가 바뀌어 웃음을 자아내게 한 일들은 두고두고 기억날 것이다.

나는 주례 섰을 때의 일들을 잊지 못한다. 모두 40대 때에 세 번을 했는데, 그 중에서 제자 주례 때에 있었던 눈물의 결혼식과 초등학교 동창 딸 결혼식 때 있었던 웃음의 주례사는 결코 잊을 수가 없다.

42세 때로 기억이 된다. 초등학교 5학년 때 우리 반 부반장이었던 김동준이라는 제자가 찾아왔다. 동준이는 산골마을에 살았지만 도시아이들처럼 귀티가 나고 품행이 단정한 모범생이었는데, 지금은 대학교에서 조교로 있다고 했다. 그런데 오랜만에 찾아온 제자는 청첩장을 내놓으면서 나에게 주례를 서 달라는 것이었다. 너무나 뜻밖의 일이었고 나이가 40대 초반인 내가 주례를 선다는 것은 상상할 수도 없는 일이었다. 그래서 나는 거두절미하고 거절했다. "동준아, 내 나이가 몇인데 주례를 서냐. 내 나이라면 장가갈 나이다. 너희 학과 교수님한테 부탁하는 것이 좋겠다."라고 했지만 제자는 막무가내였다. "선생님, 저 혼자 결정한 것이 아닙니다. 얼마 전 초등학교 동창회 때 만장일치로 결정한 것이니 어쩔 수가 없습니다." 더 이상 거절할 수가 없었다. 아내도 해주라는 눈치였다.

주례를 승낙한 뒤 걱정이 태산이었다. 하는 수 없이 초대받지 않은 결혼식장을 찾아다니며 현장학습을 했다. 그래도 인생경험이 미천한지라 마음에서 우러나는 주례사를 쓸 수가 없었다. 고민 끝에 혹시나 해서 서점에 가봤더니 다행히 명사들의 주례사를 모아놓은 책이 있었다. 그날부터 책에 있는 좋은 문구는 모두 다 모았다. '결혼은 인륜지대사요 집안과 집안과의 만남이고, 하늘이 맺어준 천생연분이니 백년해로해야 한다.' '장미꽃을 바치는 사람은 장미의 향이 자신의 손에도 묻어 같이 행복을 느낀다.'는 등등. 그리고 그날부터 주례사를 외우기 시작했다. 마치 웅변대회에 나가는 사람이 원고를 외우듯, 집에서도 직장에서도, 심지어 차 안에서까지도 원고를 놓지 못했다.

그리고 3월 첫 번째 일요일 서울의 한 예식장, 드디어 결혼식이 시작되었다. 그런데 신랑의 어머님이 휠체어에 앉은 채 부축을 받으면서 들어오는 것이 아닌가. 동준이 어머니는 약국을 운영했었고 학급 일이라면 적극적으로 앞장섰던 분이셨다. 그리고 한국적인 여성의 자태에 얼굴이 참 고왔던 분이셨다. 그런데 오래전에 뇌졸중으로 쓰러져 힘든 생활을 하고 있다는 것이었다.

결혼식이 시작되고 준비한 원고대로 주례를 하고 있는데, 고개를 옆으로 돌리는 순간 휠체어에 앉아 있는 동준이 어머님이 눈에 보였다. "저기 앉아 계시는 부모님들을 보십시오. 두 사람은 하루에 한 번만이라도 시골에 계시는 부모님을 생각하고, 좀더 그리우면 전화 한 통화라도 해주십시오. 부모님들은 입고 싶은 것, 먹고 싶은 것이 있어도 참으면서 평생을 자식들을 위해서 사신 분들입니다." 갑자기 원고에 없던 말이 튀어나왔다. 열변으로 변했다. "내 자식을 사랑하는 마음의 10분의 1, 아니 100분의 1이라도 부모님을 생각해 주십시오." 신랑 신부가 울기 시작했다. 처음에는 훌쩍훌쩍하는 소리가 들리더니 나중에는 복받쳐 올랐던지 엉엉 울기 시작했다. 나도 시골에 계시는 어머님이 생각나서 주례를 하다 말고 눈물을 닦았다. 신부의 눈가는 이미 검은색으로 변해 있었고 신랑은 고개를 들지 못하고 눈물만 닦고 있었다.

그 뒤로 초등학교 동창의 딸 결혼에 또 한 번 주례를 서게 됐다. 장소는 경상북도 김천, 동창들은 여행가는 기분으로 버스에 오르자마자 술을 마시기 시작했다. 그러면서 "너는 오늘 술 먹으면 안 되니까 맨 뒷자리에 가만히 앉아 있어라."며 관리까지 하는 것이 아닌가. 12시가 넘고 도착할 때쯤 되니까 배가 고팠다. 그래서 차 안에 있는 음식으로 요기를 하고 있었더니 옆에 있던 여자동창이 종이컵에 물을 갖다 주는 체하면서 술 한 잔을 갖다 주었다. 그리고 또 한 잔, 또 한 잔. 그만 먹겠다고 해도, 술 한 잔 해야 말이 잘 나온다며 몇 잔을 연거푸 갖다 주는 것이 아닌가. 취기가 올라오기 시작했다. 드디어 결혼식이 시작되고, 주례사를 하는데 조금씩 어지럽더니 말을 더듬기 시작했다. 더구나 한복을 입었더니 덥고 땀이 나기 시작했다. 빨리 끝내야겠다는 생각이 들 때쯤 실수를 했다. "오늘 ㅇㅇ군과 ㅇㅇ양의 백년가약을 축하해주기 위해 오신 피서객 여러분! 두 사람이 행복하게 살 수 있도록 힘찬 박수 한 번 보내 주십시오. 네네, 피서객 여러분 감사합니다." 사람들이 웃기 시작했다. 신랑신부도 웃음을 참는 듯했다. 당황스러웠다. '내가 무슨 실수를 했다고 웃지?'

나중에 안 일이지만 '하객 여러분!'을 '피서객 여러분!'이라고 두 번이나 연거푸 말했다는 것이다. 그해 여름에 해변콘서트를 하면서 "피서객 여러분, 피서객 여러분!"을 입버릇처럼 했던 것이 나도 모르게 불쑥 튀어나왔던 모양이다. 결국 당황해서 양가 부모님에게 큰절하는 순서도 빼먹고 신랑신부를 퇴장시키고 말았다. 식이 끝난 뒤 나하고 나에게 술을 준 여자동창은 친구들의 노리갯감이 되었다. "야, 우리가 미쳤다고 이 가을에 피서하러 김천까지 왔냐?" "술 먹인 ×는 어떻게 책임질래!" 그런 일로 많이 웃고, 잊지 못할 추억거리도 생겼지만 지금도 나에게 주례를 부탁했던 그 친구에게 미안한 맘이 든다.

매년 이혼하는 사람들이 늘고 있다는데, 그때 주례를 섰던 신랑 신부들은 잘 살고 있는지 궁금하다. 그리고 선조님들은 어떤 지혜가 있었기에 백년해로하고 살았는지 그 비법을 알고 싶다. 팔순잔치를 마치고 가족들에게 둘러싸여 행복한 웃음을 지으며 가족사진을 찍는 어르신 부부의 넉넉한 모습이 새삼 그립다.

아름다운 동행

감미로운 목소리로 노래하는 가수 최성수 씨가 부른 노래 중에 '동행'이라는 노래가 있다.

> ♬누가 나와 같이 함께 울어줄 사람 있나요. 누가 나와 같이 함께 동행이 될까
>
> 사랑하고 싶어요. 빈 가슴 채울 때까지. 사랑하고 싶어요. 사랑 있는 날까지~♬

누구나 마음을 같이할 영원한 동행자가 있다면 더 없이 좋을 것이다. 그런데 사람이 사람만을 좋아하라는 법은 없다. 최근에 나에게는 아름다운 동행이 생겼다.

한국소리문화의전당 국제회의장 4층 맨 꼭대기 방, 걸어서

올라가는 계단이 99개, 정문 쪽으로 들어가면 107개가 된다. 그런데 이 건물에는 엘리베이터가 없다. 그래서 이곳을 찾는 사람들은 누구나 건물을 지은 사람들에게 불만을 토로한다. 솔직히 말해서 나도 수십 번은 욕을 했다. 문제는 맨손으로 올라오는 사람이 아니라 짐을 들고 오는 사람들이다. 예총은 행사가 많은 예술단체인지라 수백 권의 팸플릿과 책자들, 그림이나 사진 등 작품을 들고 오는 사람이 있고, 사무실에서 쓰는 생수통과 복사용지, 우편물, 각종 소모품 등을 들고 오는 사람들이 많다. 한겨울인데도 땀을 뻘뻘 흘리며 거친 숨을 몰아쉬면서 짐을 들고 오는 사람들을 보면, 괜히 우리가 죄지은 것처럼 민망하고 미안할 때가 있다. 생수통을 배달하는 아저씨는 예총에서 전화가 오면 걱정부터 앞선다고 한다. 하지만 뭐니뭐니해도 힘들고 고생하는 사람들은 예총 직원들이다. 저 아래 주차장에서 짐을 들고 4층까지 왔다갔다하려면 입에서 쓴물이 나고, 심장이 멈출 것 같은 때가 많다. 여직원들 중에는 다리에 알통이 생겼다고 푸념하는 사람도 있다. 그래서 행사장에서 쓸 물건을 납품받을 때는 아예 주차장에서 만나 우리 차로 옮겼다가 가지고 간다. 이런 일로 99계단은 사람들의 원망의 대상이 되고, 특별한 조치가 없는 한 앞으로도 불만은 계속될 것이다.

그런데 요즘은 내 생각이 달라졌다. 99계단이야말로 나에게 없어서는 안 될 다정한 벗, 행복으로 가는 계단이 되었다.

생명을 연장하는 최고의 보약이 '걷기'라는 말을 들은 뒤부터 매일매일 감사하는 마음으로 계단을 오르고 있다. 하루에 2~3번은 오르고 내려야 되니까 족히 5백 계단은 밟게 되는 셈이다. 운동부족으로 배불뚝이가 된 나에게 계단은 고마운 존재가 되었다. 어떤 때는 심폐기능을 겸하려고 뛰기도 하고, 두 계단씩 밟기도 한다. 원망의 대상이 이제는 고마운 동행이 되었다.

또한 4층에 자리잡은 사무실은 뒤늦은 내 인생의 반려자가 되었다. 내 사무실에 오는 사람들마다 전망이 좋다며 부러워한다. 어떤 사람은 국회로 말하면 4선 이상 의원들이나 자리잡을 수 있는 방이라 하고, 어떤 사람은 A급 호텔의 전망보다 더 좋다고 한다. 사무실에서 내려다보이는 창밖은 참으로 아름답다. 동물원을 에워싸고 있는 건지산이 한눈에 들어와 철따라 변하는 자연의 섭리를 느낄 수가 있다. 군데군데 야생 벚꽃이 피는 봄은 수채화 같아서 좋고, 여름은 푸르름이 강해서 좋다. 가을은 가지가지 자기 색깔을 가지는 단풍이 아름답고, 겨울은 눈과 어울린 한 폭의 산수화를 보는 것 같아 좋다. 또한 체련공원이 발아래 있어 아침저녁, 비가 오나 눈이 오나 지칠 줄 모르고 운동하는 사람들의 건강한 모습을 볼 수 있어 좋다. 축구장과 농구장, 족구장, 테니스장이 한눈에 들어와서, 공차는 사람들, 걷는 사람, 뛰는 사람, 철봉에 매달린 사람들은 보기만 해도 힘이 생기고 운동하고 싶은 충동을 느낀다.

그것만이 아니다. 사무실 바로 밑에는 한국소리문화의전당 야외공연장이 있어서 소리축제나 각종 페스티발, 음악콘서트와 경연대회 같은 야외행사가 있을 때는 사무실에서 편하게 구경할 수 있어 좋다. 지난가을에는 전국누드사진촬영대회가 있어서 사무실에서 다섯 모델들이 펼치는 멋있는 포즈를 볼 수가 있었다. 또한 나에게 행복감을 주는 것은 아침마다 경쾌한 음악에 맞춰 에어로빅스를 하는 아줌마들이다. 창밖에서 들려오는 '웃고 살자.' '울지 마라.' '해피데이' 등 귀에 익은 대중가요가 들려오면 나도 모르게 끼가 발동한다. 어깨가 움직이고 허리가 돌아가고 엉덩이에 힘이 들어간다. 참으로 건강하고 열정적인 사람들 덕분에 내 인생이 즐겁다. 아니 아름다운 동행, 99계단과 4층에 자리잡은 사무실 때문에 내 삶이 즐겁고 건강하고 행복하다.

강아지 무덤에 핀 국화

어느 작가가 쓴 수필 〈내가 사랑하는 강아지〉를 읽고 새벽부터 눈시울을 적셨다. 동병상련이라고 할까. 꿈속에 나타난 강아지를 보고, 같이 생활했던 지난날을 그리워하는 애절한 마음이 나와 같았기 때문이다. 나도 10년을 같이 산 사랑하는 강아지 '뭉치'를 땅에 묻은 지 3개월째다. 사무친 그리움에 지금까지 단 하루도 뭉치를 잊어본 적이 없다. 지금 그가 있는 곳은 한국소리문화의전당 뒤뜰, 나만 아는 아득하고 포근한 곳이다. 차마 그를 멀리 보낼 수 없어 내 가까운 곳에 두려고 그곳에 묻었다. 그리고 뭉치를 보낸 얼마 동안은 하루도 거르지 않고 찾아다녔다. 잔디에 물을 주고, 밟아주고, 한여름 뜨거운 햇살이 내려쬘 때는 나뭇잎으로 덮어주고, 무섭게 폭우가 쏟아지던 날은 뭉치가 어떻게 하고 있을까 걱정돼 빗속을 헤치며 찾아간 일도 있다. 그곳을 관리하는 사람들이 잔디를 깎을 때가 가장 걱정이었다. 혹시나 이상한 흔적을 발견하고 땅을 파헤칠까 봐 멀리서 지켜봤다. 무슨 일이 있으면 쫓아가 사정이라도 할 심상이었다. 다행히 고비를 넘기고 지금은 무덤과 잔디가 하나가 되어 누구도 알아볼 수 없게 되었다.

며칠 전에는 손자의 동영상을 보다가 화면 속에 비친 뭉치 때문에 아내와 나는 또 눈시울을 적셨다. 끝내 심장병을 고쳐주지 못하고 저 세상으로 보낸 죄책감 때문이었다. TV를 보다가도, 길을 걷다가 다른 강아지를 보아도 뭉치가 생각났다. 너무나 그리울 때는 뭉치를 묻고 와서 썼던 수필, 〈너를 가슴에 묻으련다〉를 읽으면서 위로를 받았다. 지금도 그때의 아픈 기억이 되살아난다.

> 밤새 잠을 이루지 못하고 새벽녘에 뭉치를 보낼 준비를 했다. 상자 바닥에 수건을 깔고 뭉치를 눕혔다. 그리고 뭉치가 입던 옷이며 장난감, 먹다 남은 밥과 심장병약도 같이 넣었다. 하늘나라에선 가슴 아파하지 말고 마음껏 뛰면서 살라고 기도했다. 상자를 덮으려할 때는 아내의 울음소리가 더 컸다. "미안하다. 뭉치야, 엄마 잘못 만나 더 빨리 저 세상으로 가는구나! 너를 살리지 못해서 미안하고 미안하다." 뭉치를 어루만지며 흐느끼는 아내 때문에 나도 또 울었다. "뭉치야, 잘 가라. 병 없는 하늘나라에서 다시 만나자. 결코 잊지 않겠다.

너를 내 가슴에 묻겠다!

뭉치를 찾아가지 않을 수 없었다. 출근길에 뭉치 있는 곳으로 갔다. 멀리서 등산하는 사람들의 인기척이 들려올 뿐 언제나처럼 조용하고 한적했다. 뭉치 있는 곳이 가까워지자 미안한 마음이 들기 시작했다. 요즘 전라예술제 준비로 출장이 잦아 며칠 째 뭉치를 만나지 못했다. 뭉치의 무덤가는 유난히 많았던 여름비 때문에 풀이 많이 자라 있었다. "뭉치야, 아저씨 왔다. 잘 있었지? 보고 싶지 않았어?" 다른 때와 같이 뭉치 무덤에서 잡초를 뽑으려는 순간, 이게 무슨 일인가! 뜻밖에 무덤가에 꽂아둔 국화 줄기에서 새순이 돋아나고 있는 것이 아닌가. 뭉치를 묻은 다음날, 하얀 국화 두 송이를 들고 가서 무덤 위에 꽃잎을 뿌려주고 남은 줄기를 무덤가에 꽂아뒀는데, 그것에서 새순이 돋고 있었다. 그 뜨겁던 여름을 이기고, 무섭게 휘몰아치던 장맛비를 이기고, 국화의 소중한 생명력이 그곳에서 자라고 있었다. 문득 내가 사랑하는 강아지, 뭉치의 영혼이 아닌가 하는 생각이 들었다. 하얀 국화의 꽃말이 순결과 정조라는데, 죽어서도 그 녀석의 고귀한 순결과 정조의 마음을 보여주는가 싶었다. 그렇다. 뭉치는 살았을 때도 하얀 국화처럼 정갈스럽고 결벽증이 있었다. 물기 있는 땅은 밟지 않았고, 신문지 외에는 다른 곳에 일을 보지 않았다. 경계심이 많고 두려움이 많아서 우리 가족 외에는 아무도 따르지 않아, 결코 다른 사람의 품에는 안겨본 일이 없는 순결하고 줏대 있는 강아지였다. 원래 눈이 큰 시추지만 뭉치의 눈은 더 컸고 언제나 촉촉했다. 그리고 애수에 젖은 눈으로 가끔 창밖 너머 어딘가를 바라보는 일이 많았다. 뭉치를 닮은 하얀 국화! 그래, 너는 뭉치의 영혼이다. 나와 우리 가족들이 보고 싶어 국화로 환생한 것이 틀림없다. 우리 집으로 다시 가고 싶었나 보다. 분명 네가 이 국화에 생명을 불어넣었을 것이다. 너무나 신비해서 여린 잎을 만져주었다. 잘 자라라고 줄기도 만져주고 뿌리가 깊게 내리라고 흙도 밟아줬다.

"뭉치야, 너라고 생각하고 잘 키울게. 너를 사랑한 만큼 아저씨가 잘 가꾸고 지켜줄게. 날씨가 추워지면 화분에 옮겨 집으로 데리고 갈게. 태풍이 와도 잘 견뎌야 한다."

집으로 돌아와 아내에게 국화 이야기를 했다. 아내는 또다시 눈물을 흘리기 시작했다. 끝내 우리를 못 잊어 다시 태어난 것이라며 금방이라도 엉엉 울 것만 같았다.

어느새 뭉치사진을 들고 나왔다. 참으로 깊은 인연이다. 뭉치가 국화로 환생하여 다시 우리 집으로 돌아올 날은 언제쯤일까. 이 여름이 빨리 가고 국화의 계절 가을이 어서 왔으면 좋겠다.

---

* 시추 : 애완견의 한 종류.

단골식당의 메뉴

요즘 나는 점심때만 되면 고민이다. 거의 2년을 단골로 다니던 식당 때문이다. 내 돈 내고 가는데 “안 가면 되지.”하고 생각하지만 사람의 정이 그렇지만은 않은가 보다. 내가 며칠째 단골 식당이 아닌 다른 곳에서 점심을 먹게 된 것은 식당의 메뉴가 갑자기 소홀해졌기 때문이다. 옛날에는 웬만한 뷔페식당 못지않게 철따라 나오는 채소와 쌈장, 생선구이, 젊은이들이 좋아하는 퓨전 요리도 나오고 내가 좋아하는 곰탕과 계란말이, 국수, 낙지볶음과 돼지불고기도 올라왔었다. 후식으로는 꼭 식혜나 누룽지가 있고, 어느 때는 과일도 있었다. 소문이 나면서 인근에 있는 직장 사람들도 단골식당으로 모여들었다.

그런데 무슨 사연이 있었는지, 최근에는 시장에서 사다 놓은 듯 보이는 인스턴트식품과 깻잎, 고추장아찌, 어묵, 단무지 등 요리사의 정성이 들어가지 않은 반찬들이 올라오기 시작했다. 뿐만 아니라 식당의 수지가 맞지 않는다는 이유로 밥값을 더 올려 받기 시작했다. 속담에 "먹으면서 정 나고 음식 때문에 이 난다."고 했는데, 2년 동안 불만 한 번 없이 다니던 식당에 발길이 주춤해지기 시작했다.

이용하는 횟수가 줄어들면서 식당 주인과도 서먹서먹한 느낌이 들기 시작했다. 식당 사장은 참 좋은 분이셨다. 정이 많아 우리들이 부탁하는 것은 거의 다 들어주시는 한 식구 같은 분이다. 그래서 단체모임이 있을 때는 꼭 이 식당을 이용했고, 다른 지인들한테도 여러 번 소개해 준 일이 있다.

식당의 메뉴가 갑자기 나빠진 것은 음식을 잘하는 주방아줌마가 일을 그만두었기 때문이라고 한다. 하지만 그것은 식당 사정일 뿐, 손님들은 조금이라도 더 잘해주는 곳으로 가고 싶은 것이 인지상정이다. 그래서인지 식당은 하루가 다르게 빈자리가 늘고, 점심때마다 만나는 낯익은 얼굴들도 많이 보이지 않았다. 이심전심이라고 할까? 사람의 입맛은 다 같은 모양이다. 이웃 식당에 갔더니 단골식당에서 만났던 사람들이 눈에 띄는 것이 아닌가.

찬 공기가 따뜻한 쪽으로 이동하듯 손님들이 또 다른 식당으로 옮기고 있는 것을 알았다. 사장을 만나 조언이라도 해줘야겠다는 생각이 들었다. "물고기를 모이게 하려면 깊은 물이 있어야 하고, 새들을 모이게 하려면 울창한 숲이 있어야 한다."는 원리를 말해주고 싶었다.

물이 있어야 고기가 모이고 숲이 있어야 새가 모이는 이치를 모르는 사람은 없다. 그러나 숲은 그냥 생기는 것이 아니다. 묘목을 심고 거름을 주고 철따라 가지치기를 해줘야 좋은 나무로 자랄 수 있다. 그만큼 정성과 물질적 투자를 해야 새와 짐승이 머물 수 있는 좋은 숲을 만들 수 있으리라. 식당도 마찬가지다. 숲이 식단이라면 나무는 반찬이고 손님은 새와 같다. 나무 하나하나가 건실하고 잘 자라야 숲이 울창해지듯 반찬 하나하나에 정성이 들어가고, 맛스럽고 영양가 있어야 좋은 식단이 되는 것이리라.

오늘은 사장도 만날 겸해서 단골식당으로 갔다. 그런데 이게 어찌된 일인가! 며칠 발걸음을 끊은 사이 사람이 많아지고 전에 보던 인스턴트식품 대신 정성스럽게 요리한 음식들이 즐비하게 놓여 있는 것이 아닌가. 봄기운 돋우는 냉이무침과 튀김들, 요즘 채소 값이 금값이라는데 굴이 들어간 치커리겉절이, 과일샐러드, 후식으로 식혜까지 준비돼 있었다. 또한 사장은 우리들 식탁을 보더니 치커리겉절이를 한 접시 더 가져다주는 것이 아닌가. 일주일 사이에 많이 변했다. 알고 보니 그동안은 새 직원을 구하지 못해 반찬거리를 시장에서 사다가 썼다고 했다. 식단은 마음먹기에 따라 얼마든지 달라질 수 있다는 것을 새삼 깨달았다. 덕분에 모처럼 진수성찬으로 점심을 먹었다.

요즘은 식당에서도 부익부 빈익빈의 현상을 많이 본다. 점심 한 끼 먹는데도 줄을 서야 하는 식당이 있는가 하면 제법 큰 식당인데도 파리만 날리는 곳이 있다. 손님이 없는 식당은 숲과 새의 이치를 이해하지 못하기 때문이다. 지금 당장 이익이 적고 손해를 본다 해서 그대로 방치해 둔다면 결코 손님은 찾아오지 않을 것이다. 좋은 숲을 만드는 일부터 시작해야할 일이다.

베개

베개는 잠을 자거나 누울 때 머리를 편하게 받치는 침구다. 보통은 콩이나 왕겨, 메밀껍질을 속에 넣고 만들지만, 나무나 대, 도자기 등으로 만든 것도 있다. 또한 몸에 좋다하여 쑥과 솔잎을 넣거나 녹차, 메밀 등으로 베개를 만들어 쓰기고 하고, 한방 효과가 있다며 황토나 참숯, 옥돌 등 천연 소재를 넣어 만든 베개도 있다. ≪동의보감≫에는 '씨앗'의 생명력을 이용하여 베개를 만들어 사용하면 만병의 근원을 물리칠 수 있다 하여 각종 씨앗을 베개에 넣기도 하고, 최근에는 숙면을 유도하고 목 척추 질환이나 코골이를 완화하는 데 효과가 있다는 기능성 베개도 나왔다.

하지만 기능성 베개가 아무리 좋다한들 어머니의 팔베개만

하라! 어머니한테서 느끼는 온기, 편안함, 그 속에서 꾸는 꿈. 그래서 어머니에 대한 그리움을 말할 때는 언제나 팔베개를 잊지 못한다.

지금 아내의 팔을 베고 자는 손자의 모습이 그렇다. 할머니 가슴에 얼굴을 묻고 자더니 이제는 팔다리를 활짝 벌리고 마치 세상 것들을 다 얻은 것처럼 보란 듯이 누워 있는 모습이 제법 양양하다. 어머니의 팔베개처럼 포근하고 편안한 것이 없다는데, 할머니의 팔을 베고 자는 손자의 모습도 저만하면 세상 부러울 게 없는 것 같다. 팔베개는 엄마와 아들만의 것이 아니다. 남편의 팔을 베야 잠이 온다는 사람도 있다. 팔을 벴을 때 닿게 되는 신체적 접촉이 어머니의 팔베개에 얼굴을 묻고 자던 어릴 적 습관과 같기 때문인가 싶다.

말이 나왔으니 베개에 대한 내 이야기를 아니할 수 없다. 나는 베개에 대해서 심하게 과민반응을 하는 사람이다. 여행이나 출장을 가게 되면 제일 큰 걱정이 베개다. 대부분 숙소에는 하얀 천을 끼운 쿠션 좋은 베개를 내놓지만 나는 좀 단단한 베개가 있어야 한다. 베개가 너무 낮거나 쿠션이 좋아 푹 들어가게 되면 잠을 잘 수가 없다. 장수하려면 낮은 베개를 베야하고, 어떤 사람은 베개가 낮으면 목뼈가 휘어지고 디스크가 생길 염려가 있다고 하지만, 내가 낮은 베개를 베지 못하는 이유는 옆으로 자는 잠버릇 때문이다. 어깨 높이보다 낮은 베개를 베면 금방 목과 어깨가 저려 잠을 자지 못한다. 그래서 다음날 일정에 지장을 받을 때가 한두 번이 아니다. 창피한 일이지만 그래서 어느 때는 집에서 쓰던 베개를 가져갈 때도 있다. 지난해(2009년) 고창에서 5일간 전라예술제를 할 때는 다음날 집으로 연락해 내가 쓰는 베개를 가져온 일도 있었다.

나뿐만이 아니다. 아내는 더 극성스러워서 다른 사람이 사용한 베개는 위생상 벨 수가 없다며 어떤 경우든 집에서 쓰는 베개를 가지고 다닌다. 어느 때는 안고 자는 쿠션을 가져갈 때도 있다. 이러니 여행 한 번 가려면 짐의 부피가 이만저만이 아니다. 하는 수 없이 나는 베개 대용으로 배낭을 쓰기로 했다. 옷과 수건이 들어 있는 배낭은 최상은 아니지만 그런대로 베개 대용으로 쓰기에 좋다. 너무 높으면 짐을 빼내고, 좀 낮은 듯싶으면 옷가지의 높이를 조절한 다음 배낭 위에 수건을 깔고 자면 베개 대용으로 그만이다.

지난여름 가족과 함께 휴가갈 때 가지고 갔던 배낭은 벌써 10년이 넘는다. 그래서인지 얼마 전에 작은아들이 비싼 것이라며 전문 등산객들이 쓰는 배낭을 사왔다. 내가 들고 다니는 배낭이 너무 낡아서 측은하게 보였던 모양이다. 하지만 아들이 사준 배낭은 기능은 좋지만 등받이가 있어서 베개로 쓰기에는 적합하지가 않았다. 그래서 숙박을 하고 와야 할 때는 아들의 성의를 외면하고 어김없이 옛날에 쓰던 배낭을 들고 나선다.

며칠 전 광주 ××호텔에서 2박 3일간 한국예총전국대표자대회가 있었다. 배낭을 메고 가기에 적합한 곳이 아니어서 그냥 갔다. 그날 밤 낮고 푹 들어가는 쿠션 좋은 베개 때문에 또 잠을 설쳤다. 두 개를 베면 너무 높고, 하나를 베면 어깨와 목이 아프고, 하는 수 없이 소파 팔걸이를 베고 자려고 했지만 그것도 여의치 않았다. 옆으로 자는 잠버릇 때문에 그 좋은 호텔에서 고생하고 있는 내 모습이 너무나 한심스러웠다. 차라리 배낭을 가지고 올 걸 그랬다는 생각도 들었다.

그 뒤로 부안에 있는 한 리조트에서 1박 2일 워크숍이 있었다. 베개 걱정을 아니할 수 없었다. 궁리 끝에 이번에는 노트북 가방을 가지고 가기로 했다. 가방 속에 세면도구와 책, 옷가지를 챙겨 넣었더니 다목적 가방으로 더 이상 좋을 수가 없었다. 그날 밤 노트북 가방 때문에 힘들지 않게 잠을 잘 수 있었다. 물론 룸메이트는 이상하다고 생각했을지 모르지만.

베개는 인간만이 사용하는 침구로 편안한 잠을 자도록 도와주는 도구다. 그리고 인생의 1/3은 베개와 함께 보내야 한다. 하지만 나처럼 이상한 잠버릇을 가진 사람이나 성격이 예민한 사람은 가끔 스트레스가 되기도 한다. 다양한 종류의 기능성 베개가 나왔다고 하지만 아직도 나에게는 만족할 만한 것이 손에 잡히지 않는다. 여행갈 때 가지고 다닐 수 있는 높낮이와 쿠션 정도는 마음대로 조정할 수 있는 작고 간편한 베개는 언제쯤 나올지, 오늘도 푸념만 늘어놓는다.

고향마을 뒷산

내 고향 '남동마을'에 가려면 버스에서 내려 30분을 걸어야 했다. 마을 앞으로는 널따란 들이 펼쳐 있고, 들을 가르는 시내는 알몸으로 멱을 감고, 붕어와 참게, 우렁이를 잡던 곳이었다. 마을 한가운데에는 조그만 동산과 수백 년 된 정자나무가 있어 여름에는 시원한 그늘과 바람을 만들어 주던 고마운 쉼터였다. 아이들에게는 숨바꼭질하던 장소로, 젊은이들에게는 기타반주에 맞춰 노래를 부르던 곳으로, 마을회관이 없던 어른들에게는 마을회의를 하던 사랑방 같은 장소이기도 했다.

하지만 나는 초승달 모양으로 마을을 감싸고 있는 고즈넉한 뒷산이 더 좋았다. 친구들과 뒷산에 오르면 할 일이 많았다. 그 중에서도 산딸기를 따먹을 때가 제일 좋았다. 검붉게 익은 산딸기가 주렁주렁 열려 있는 곳을 발견하면 마치 보물이라도 찾은 것처럼 좋았다. 또한 가을에 형들을 따라가면 산머루와 칡뿌리를 얻어먹을 수 있었고, 비온 뒤에 어머니를 따라 산에 가면 버섯과 고사리를 채취할 수가 있었다. 겨울이 가까워지면 선생님은 난로 불쏘시개로 쓸 솔방울을 한 포대씩 따오라고 했다. 우리는 솔방울 따오기 숙제를 내줄 때가 가장 좋았다. 뒷산에는 소나무가 많았기 때문이다. 또한 뒷산은 마땅히 운동할 만한 장소가 없던 우리들에게 운동장과 같은 곳이었다. 이웃동네 부잣집에서 선산先山으로 꾸며 놓은 널따란 잔디밭에서 운동을 할 때면 가끔 주인이 찾아와서 야단을 쳤지만 잠시뿐, 주인이 돌아가면 또다시 해가 지도록 방울치기를 하면서 놀았다.

마을 뒷산은 어른들 몰래 우리들만의 세상을 꾸리는 은신처로도 좋은 곳이었다. 감자와 콩, 고구마를 서리하면 뒷산에 있는 조그만 굴로 들어갔다. 솔방울과 나뭇가지로 불을 피우고 그 위에 서리한 것을 올려놓으면 금방 맛있는 간식거리가 되었다. 아버지가 피우시던 봉초封草를 훔쳐와 말아 피우는 아이들도 있었고, 마른 쑥으로 담배를 만들어 피우던 아이들도 있었다. 또한 뒷산은 학교에 가기 싫은 학생들이 땡땡이를 치고 하교시간에 맞춰 집으로 돌아가기에도 좋은 곳이었다.

꿈이 많았던 중고등학교 시절, 나에게 뒷산은 더 특별한 곳이었다. 나는 중학생이 되면서부터 혼자 산에 오르는 것을 좋아했다. 산에 오르면 우리 마을이 한눈에 들어오고, 우리 집 누렁이와 어머니가 마당에서 왔다갔다하시는 모습도 보였다. 늦가을 들 가운데서 벼를 수확하는 농부들을 보면서 밀레의 '만종'에 나오는 마을과 닮았다고 생각도 했었다. 그 중에서도 우리 집과 바로 뒤에 있는 가나안교회는 나에게 늘 그림 같은 풍경화였다. 교회 종이 울리고 교인들이 예배당으로 들어가는 것을 보면 나도 교회에 가고 싶은 충동을 느낄 때가 많았다.

산등성이를 넘으면 제법 가파른 돌산이 있고, 산과 산 사이로 멀리 미군비행장이 보였다. 하루에도 몇 번씩 굉음을 내면서 제트기가 뜨고 내리는 것을 보면서 참 신기하다고 생각했다. 뒷산은 노래를 부르고 웅변가처럼 혼자서 열변을 토하기도 좋은 곳이었다. 당시에 바리톤 김원경 씨의 콘서트를 보고 와서는 성악가 흉내를 낸다며 음정도 맞지 않는 가곡을 목이 터져라 부르기도 했다. 돌산에 있는 바위 틈 한곳은 나만의 둥지였고 사색의 장소였다. 누군가에게 편지를 쓰고 나의 미래에 대해 수없는 상상의 나래를 편 곳도 그곳이었다. 대학진로를 앞두고 고민하다가 결국은 내 인생의 기로岐路를 바꿔 놓은 것도 그곳이었다.

며칠 전 고향 가는 길에 마을 뒷산에 올라가 봤다. 내 키보다 작았던 소나무와 상수리나무들은 어느덧 숲이 되었고, 내가 오르내리던 오솔길은 흔적도 없이 사라지고 지천이던 철쭉과 진달래도 많이 보이지 않았다. 40년 세월이 흘렀으니 변한 것이 당연하다 싶었다. 하지만 나의 둥지였던 돌산 바위들은 아직도 그대로였다. 내 어릴 적 놀이터였고 내 꿈과 희망을 키워주던 마을 뒷산은 아직도 변함없이 나를 반겨주는데, 같이 놀던 그 친구들은 모두 어디로 갔는지 그저 세월이 무상할 뿐이다.

무창포에서 보낸 1박 2일

무창포의 겨울바다는 생각보다 조용했다. 여름에 보았던 그 많은 사람들은 다 어디로 갔을까. 혼자 걸어도 좋고, 쑥스러워서 손 한 번 잡아보지 못한 아내와 손을 잡고 걸어도 전혀 어색하지 않은 분위기. 그래서 나는 겨울바다가 좋다.

무창포는 대천 근처에 있는 조그만 해수욕장으로 현대판 모세의 기적이라고 불리는 신비의 바닷길이 열리는 곳이다. 무창포 해변에서 석대도까지 1.5km의 바다가 갈라져 육지가 되는 기이한 현상이 일어날 때면 전국에서 수많은 인파가 몰려와 바다의 신비를 체험하고 간다.

함께 간 일행은 고등학교 때 같은 반 친구들이다. 항상 6쌍의 부부가 1년에 두세 번씩 여행을 간다. 벌써 20년이 넘었으니 집안에 숟가락 숫자까지 알 정도다. 만날 때가 되면 남자들보다 여자들이 더 좋아하고 여행갈 장소도 여자들에게 승낙을 받아야할 정도로 파워가 세졌다. 한때는 음식을 가지고 가서 밤새도록 구워먹고 끓여먹고, 먹고 남은 것으로 새벽에 속풀이까지 했는데, 요즘은 음식 만들 것 좀 가지고 가자고 하면 남자들이 알아서 해 먹으라며 배짱을 부린다. 여자들이 귀찮다고 하니 도리가 없지 않는가.

우리들이 여장을 푼 곳은 '여행스케치'라는 펜션, 무창포도 몰라보게 변했다. 친구들과 함께 텐트를 들고 찾아갔던 젊은 시절의 무창포가 아니었다. 음식점과 위락시설, 호텔과 콘도미니엄, 특히 예쁜 이름을 가진 펜션들이 많았다. '노을이 있는풍경' '솔밭 해안가' '바다와 어부' '솔잎새' '노을빛바다' '시간여행' '바람막이' '바닷길' 등 소나무 숲과 바다에 어울리는 이름들은 모두 동원된 것 같았다.

여장을 풀자마자 우리는 바다 쪽으로 갔다. 언제나 그렇듯이 바다는 가슴까지 후련하게 해줘서 좋다. 철썩 철썩~ 잔잔한 바람과 함께 들려오는 파도소리, 바닷물이 머물다간 물기 젖은 백사장, 눈앞에 펼쳐지는 섬 섬들, 어느새 나는 한눈에 들어오는 무창포 바다를 온몸으로 껴안고 있었다. 겨울바다의 이런 정취를 느끼려고 사람들이 먼 길을 마다않고 여기까지 찾아오는가 싶다. 두세 명씩 짝을 지어 백사장을 걸었다. 그러는 중에 어느덧 해가 서쪽으로 뉘엿뉘엿 지고 있었다. 여기까지 왔는데 서해낙조를 보지 않을 수 없다. 방파제 쪽으로 발길을 옮겼다. 낚시할 때 포인트가 있듯이 낙조를 구경할 때도 좋은 곳이 있다. 석대도 끝자락으로 지는 낙조가 아름다울 것 같아서 그 쪽으로 유도했다. 그러나 낙조는 영화에서 보았던 것처럼 구름 사이로 신비한 장면을 잠시 보여줬을 뿐 실망만 남겨둔 채 금방 구름 속으로 숨어버렸다.

누구나 모임이 있겠지만 우리들의 모임은 특별한 점이 있다. 미션스쿨에 다녔기 때문에 모두 교회에 다녔고, 교회에서 학생회장을 맡았던 친구들이다. 그런 관계로 이 모임에서는 술 먹고 노는 것보다는 대화하는 시간이 많다. 밤이 깊도록 여자는 여자끼리, 남자는 남자끼리 이야기를 한다. 여자들 방에서는 잇달아 깔깔대는 소리가 들리고 웃음을 참다못해 벽을 치는 사람도 있다. 대체 웃기는 이야기가 뭐냐고 물으면, 그냥 웃기는 얘기하면서 웃는다고 한다. 반면에 남자들은 크게 웃을 일은 없다. 교수에다 방송국PD, 교장, 사업가, 공무원 등 각기 다른 직업을 가진 친구들이라 주로 직장과 세상 돌아가는 이야기들을 한다. 이번에는 대전 사는 친구가 직접 발행한 ≪한밭의 지정문화재≫라는 책을 들고 와 문화재에 대한 이야기를 많이 나눴다. 자정이 넘도록 대화는 계속됐고 그러는 사이에 문 밖에서는 함박눈이 내리고 있었다.

아침에 누군가가 "눈 내린다. 함박눈이다!"라고 소리치는 바람에 모두 잠에서 깨었다. 함박눈은 아침을 먹고 바닷가를 거니는 내내 내렸다. 마치 하늘에서 하얀 솜털을 뿌려주듯 포근하게 내렸다. 가슴이 설렌다. 모래사장을 뛰는 사람도 있었다. 누군가가 남편 덕분에 겨울바다에서 함박눈을 맞을 수 있어서 고맙다고 했다. 무창포를 떠나기 전 눈 내리는 겨울바다를 배경으로 기념사진을 찍고 다음을 기약했다. 금슬 좋고 아름답게 늙어가는 친구들, 변함없는 좋은 친구들이다. 짧은 여행이었지만 무창포에서의 1박 2일은 아름다운 추억으로 내 가슴속에 오래오래 기억될 것 같다.

야 목장의 결투

설 연휴 마지막 날에 어이없는 방송사고가 터졌다. 2010년 밴쿠버 동계올림픽 중계방송 중에 한국선수를 소개하는 화면에 태극기가 아닌 일장기가 튀어나온 것이다. 더구나 수많은 국기들 중에 하필이면 일장기가. 중계를 맡은 방송사는 국민들로부터 엄청난 비난을 받아야 했고 결국 사과방송을 해야 했다. 그런 일이 있은 며칠 뒤 이번에는 중계방송을 하던 해설가가 이승훈 선수의 금메달 소식을 전하면서 "주님의 뜻입니다. 주님께서 허락하셔서 금메달을 땄습니다."라고 특정 종교를 거명했다가 중도에 하차하고 말았다.

방송국에서 가장 듣기 싫어하는 말이 "방송사고"라는 말이다. 사고를 내면 개인의 신상에도 영향이 있지만 방송사 전체에 대한 신뢰와 이미지가 나빠진다며, 귀에 박히도록 듣는 말이 '무사고 방송'이다. 하지만 몇 번이고 점검하고 주의를 한다고 해도 사고는 멈추질 않는다. 스케이트선수 박도영을 소개하는 자리에 일장기가 나올 줄을 누가 상상이나 했겠는가! 이렇듯 방송국에 근무하는 사람들은 자의든 타의든 크든 작든 사고를 낸 경험들이 많다. 스위칭(기계조작)을 잘못해서 다른 화면이 나오고, 원고지를 잘못 넘겨 뉴스가 엉망이 되고, 생방송 중에 천장에 붙은 조명이 떨어지고, 제 시간에 도착하지 못한 진행자는 다급한 나머지 휴대전화로 방송을 하는 일도 있었다. 긴장한 출연자가 다리를 떨면서 탁상다리를 치는 바람에 "탁탁탁탁!" 소리가 방송으로 흘러나오고, 9시뉴스 중에 난데없는 괴한이 나타나 앵커의 귀에 대고 뭐라고 소리친 일도 있었다.

내가 근무하던 방송사 아나운서 중에 '야 목장'이란 별명을 가진 선배가 있었다. 나이가 좀 많았던 선배인데, 옛날에는 방송실 밖에 있는 PD와 스튜디오 안에 있는 진행자가 정보를 교환할 때는 종이에 글씨를 써서 유리창 사이로 보여줬었다. 하필이면 사고가 난 그날에 갑자기 바뀐 노래가 'OK목장의 결투'였다. 그런데 진행을 맡았던 그 선배가 'OK목장의 결투'를 '야 목장의 결투'라고 소개를 했다. 'OK'글자가 '야'자로 보였던 것이다. 그 일로 해서 선배의 별명은 '야 목장'이 됐다. 이렇게 사고는 뜻하지 않은 곳에서 일어난다. 내가 방송국에서 근무할 때 사고를 친 것은 어림잡아도 10번은 넘을 것이다.

한 번은 방송시간 직전에 방송테이프를 들고 스튜디오로 가는데, 보도국에서 후배 기자가 나를 불렀다. 잠깐 여쭤볼 말이 있다는 것이었다. 커피 한 잔을 마시면서 잠깐 이야기를 나눈다는 것이 방송하러 가는 것을 깜박 잊고 말았다. 스튜디오에서는 사무실로 전화를 하고, 사무실에서는 방송하러갔다고 하고, 난리가 났는데도 나는 후배와 이야기만 하고 있었다. 결국 방송을 못내는 대형 사고를 치고, 나는 인사위원회에 회부되어 중징계를 받았다.

그뿐이 아니다. 아슬아슬하게 사고를 모면한 일도 있다. 내가 처음 입사했을 때 맡은 프로그램이 새벽을 여는 사람들과 함께 하는 '국민체조방송'이었다. 새벽 5시 50분부터 10분씩 전국에 생방송되는 것이었는데, 전주가 아닌 곳에서 방송을 할 때는 전날에 가서 숙박을 해야 했다. 한 번은 김제 여관에서 잠을 자고 새벽 4시 30분경 나왔더니 어떤 차가 우리 중계차를 막고 있는 것이 아닌가! 방법이 없었다. 스태프들이 모두 나서서 손님들이 자고 있는 여관방을 두드려 차 주인을 찾는 소동을 벌이고서야 겨우 방송 사고를 면할 수 있었다.

방송이 잘못 나가는 사고도 있지만 내용이 잘못돼서 시청자들로부터 항의를 받는 일도 많다. 한 번은 6시 내고향을 방송하면서 리포터가 '떡붕어'를 '참붕어'라고 했다가 시청자로부터 "무식한 사람들"이라며 크게 질책을 받은 적이 있다. 다른 동료 PD는 농촌에 사는 사람이 전두환 대통령을 거명하면서 장난삼아 "두환이 형"이라고 했다가 기관으로부터 곤혹을 치른 일도 있다. 지금은 재미있는 이야깃거리가 되었지만 당시에는 사고를 치고 나면 며칠은 고개를 숙이고 다녀야 했다.

방송 없이는 하루도 살 수 없을 것 같은 요즘이다. 그리고 9월 3일, 오늘이 방송의 날이다. 하지만 신문이나 다른 매체와는 달리 방송을 제작하는 사람들은 쉴 수가 없다. 오히려 특집방송을 맡은 사람들은 더 힘들고 바쁜 날이 오늘이다. 안방에서 편안하게 시청하는 우리들은 새삼 방송국 사람들의 어려움을 이해하고, 방송에 대한 고마움을 잊지 않았으면 한다. 또한 불가피한 방송사고가 있더라도 좀더 너그러운 마음으로 이해해 주기를 바라는 마음에서 이 글을 쓴다.

제3장

사랑하는 나의 가족

어머니의 김치찌개

세상에서 가장 맛있는 음식이 무엇일까? 요즘 TV를 보면 거의 매일 '별미'라는 이름으로 갖가지 음식들이 소개된다. 만드는 방법도 다양하지만 먹는 사람들의 표정도 가지각색이다. '하루만 못 먹어도 견딜 수가 없다.' '결코 이 맛은 잊지 못할 것 같다.' 어떤 사람은 말로 표현을 못해 엄지손가락만 치켜세우는 경우도 있다.

그러고 보니 맛을 표현하는 말도 참 많다. 담백한 맛이 있는가 하면, 감칠맛도 있고, 얼큰한 맛도 있다. 또한 상큼한 맛과 매콤, 달콤, 새콤한 맛에 부드러우면서도 맛깔스럽다는 맛도 있고, 깔끔한 맛에 깊고 구수한 맛도 있다. 어떤 사람은 펄펄 끓는 국물을 먹으면서 시원하다고 한다.

나는 한때 속초에서 근무하면서 그 당시 맛있다는 강원도 음식은 거의 다 먹어봤다. 그리고 일 년 뒤에는 〈속초에서 가볼 만한 음식점〉이라는 안내서를 만들어 회사 내 게시판에 올렸다. 덕분에 속초에 가서 맛있는 음식을 잘 먹고 왔다는 감사의 전화를 많이 받았다. 정성이 깃든 음식은 사람과 사람의 마음을 이어주기도 하고, 때로는 열 마디 말보다 더한 감동을 주기도 한다.

그래서인지 누구나 기억에 남는 음식이 있다. 비싸고 모양새 나는 음식도 있지만, 어렸을 적에 어머니를 따라 시장에 갔다가 먹은 국밥 한 그릇의 맛이나 자장면을 처음 먹었을 때의 그 맛은 두고두고 기억에 남는다.

나는 어머님이 만들어 주셨던 김치찌개 맛을 잊지 못한다. 흔한 것이 김치찌개이고, 특별한 요리솜씨가 없어도 만들어 먹을 수 있는 것이 국민음식 김치찌개다. 양념도 필요 없고 집에서 매일 먹는 김치에다 돼지고기 몇 점 썰어 넣은 다음, 적당히 물을 붓고 끓이면 되는 것이 김치찌개다. 하지만 그때 어머님이 끓여주셨던 김치찌개 맛은 특별났다.

가난했던 어린 시절, 그때만 해도 돼지고기는 명절이나 제일祭日, 또는 마을에서 애경사가 있을 때나 겨우 맛볼 수 있는 별식이었다. 돼지고기를 사려면 읍내까지 나가야 했고, 또한 평상시에는 돼지고기를 사먹을 수 있는 형편도 못 됐다. 당시 아버지는 낡은 초가지붕을 걷어내고 새 볏짚으로 지붕을 이어주는 특별한 기술을 가지고 있었다. 그래서 추수가 끝나면 눈이 내릴 때까지 하루도 쉬지 않고 이웃마을까지 다니면서 일을 하셨다. 한 번은 일을 마치고 집에 오면서 새끼줄로 묶은 돼지고기 몇 근을 들고 오셨다. 마침 일하던 동네에서 돼지를 잡아서 사오셨다고 했다. 어머니는 듬성듬성 썬 돼지고기를 가마솥에 넣고 마늘과 고춧가루로 적당히 버무린 다음, 갓 꺼낸 김치를 싹둑싹둑 썰어 넣고, 쌀뜨물로 양을 맞춰서 국을 끓였다. 지금의 김치찌개다. 익으면서 나는 구수한 김치찌개냄새가 온 집안에 퍼지면 견디기 힘들었다. 우리 식구는 할머니와 부모님, 그리고 4남 2녀, 지금 생각해도 아홉 식구가 밥상머리에 둘러앉아 김치찌개로 밥을 먹을 때가 가장 행복했던 것 같다. 아니 세상에서 가장 맛있는 음식은 그때 먹었던 김치찌개라고 자신있게 말할 수 있다. 비계가 적당히 붙은 돼지고기가 새콤한 김치 조각과 함께 입 안에서 씹힐 때의 그 감촉과 구수함, 국물 하나 남기지 않고 한 그릇씩을 맛있게 먹던 가족들의 행복한 표정, 나는 결코 그때의 맛을 잊지 못한다. 아버지가 사오시고 어머니가 끓인 김치찌개!

어머니의 김치찌개가 맛있었던 비법은 맛있는 김치와 잘 버무린 돼지고기, 거기에 쌀뜨물을 넣고 가마솥에 끓였기 때문이었을까. 어머니만이 가지고 있는 누구도 흉내낼 수 없는 김치찌개에 대한 아우라(Aura)가 있었기 때문일까. 음식 잘한다고 으쓱대는 아내가 별별 양념을 다 넣고 끓였다 해도 그때의 맛을 느낄 수가 없다. 소문난 김치찌개 전문집을 찾아가 봐도 그 맛이 아니다. 한때는 내가 직접 만들어본다며 쌀 씻은 물을 붓고 덤으로 양파와 계란을 더 넣고 끓여도 그 맛이 나오질 않았다. 아마도 시장이 반찬이었거나 가난했던 시절이 그렇게 맛을 느끼게 했던 것 같다. 그러고 보니 음식이 맛으로만 먹는 것이 아닌 성싶다. 음식 속에는 사람이 있고, 분위기와 음양오행의 철학이 있다고 한다. 같은 음식이라도 먹는 곳에 따라 다르고, 만들어 주는 사람에 따라 맛이 다른 것도 이 때문이 아닌지.

맛있는 음식을 먹으면서 느끼는 행복감은 오래 기억된다는데, 요즘 맛있다는 음식을 아무리 먹어봐도 그때 어머님이 만들어 주셨던 김치찌개만 못하니, 배불리 먹지 못하던 시절, 모처럼 먹어본 고기 맛에 어머님의 정성과 그날의 밥상머리가 나를 황홀하게 했던 것 같다. 지금도 김치찌개를 앞에 두면 어머님이 그리워진다. 오늘 저녁은 아내에게 돼지고기 숭숭 썰어 넣은 맛있는 김치찌개를 부탁해 봐야겠다.

백꽃으로 수를 놓아

내 이름은 할아버지께서 지으셨는데 터 '기基'자를 돌림으로 하고 가운데에 칼끝을 상징하는 '봉琫'자를 붙였다. 어떤 의미로 지으셨는지 모르지만 아버님의 말씀으로는 한자의 획과 수를 맞추느라 '琫'자를 썼다고 했다. 할아버님께서 지어주신 이름 덕분에 아들딸 잘 키우고 좋은 직장에서 근무하면서 이 험한 세상에 밥은 굶지 않고 살아온 것 같다. 하지만 '봉기'라는 이름이 마음에 드는 것은 아니다. 아내는 '봉'자가 들어가 촌스럽고 멍해 보인다 하고, 아들들은 예쁜 글자가 많은데 왜 하필 '봉기'라고 했는지 모르겠다고 했다.

내 이름이야 그렇다 하더라도 여동생들은 이름에 불만이 많다. 큰딸은 원기元基, 다음 동생은 명기明基, 여자들도 돌림자 '기基'를 붙여서 이름을 지었다. 그 밑으로 남동생들도 영기, 중기, 창기라 했고, 사촌들 이름도 대부분 '기'자를 붙였다. 그러다 보니 이름을 지으신 할아버지뿐만 아니라 고모님이나 작은어머님들은 누가 누구인지 조카들 이름이 헷갈린다고 하셨다. 여동생들은 성장하면서 자신들의 이름이 남자 이름 같아서 창피하다며 다른 이름으로 바꿔 주기를 바랐지만 당시에는 이름을 바꾸는 일이 쉽지가 않았고, 그런 말은 함부로 꺼낼 수도 없었다.

한 번은 집안에 대사가 있어 많은 손님들이 오셨다. 그 중에는 여동생 손님들도 많았다. 그때 내가 "야 명기야! 여기 음식 좀더 가져와라."고 했더니 동생이 질겁하며 언니와 자기 이름을 '설희와 은주'라고 불러달라는 것이다. 알고 보니 호적에 없는 별도의 이름을 가지고 있었다. 하지만 자주 불러보지 않은 낯선 이름이라 입에 잘 오르지 않았다.

모든 사물에는 저마다 이름이 있다. 그런데 그 이름에는 굳어진 관념이 있어서 이름을 들으면 반사적으로 고정화된 생각들이 떠오른다. 예를 들어 할미꽃은 허리를 굽히고 있는 모습에서 돌아가신 할머니를 떠올리고, 민들레는 척박한 길가에서 수많은 사람들에게 짓밟히면서도 강한 생명력을 가진 꽃이기에 시련을 극복한 인동초 같은 사람이 연상된다. 이 밖에도 나팔꽃과 해바라기, 함박꽃, 담쟁이 등 대부분의 꽃들이 의미 있는 이름으로 다가온다. 사람도 마찬가지다. 그래서 예명을 갖거나 자신의 이름이 마음에 들지 않으면 법원에 가서 새로운 것으로 고친다.

이름 하면 내 동생의 딸 이름을 빼놓을 수가 없다. 호적에 올라 있는 조카의 이름은 '백꽃으로 수를 놓아'이다. 어떤 시집이나 수필집의 제목 같은 이름이다. 어른이 되어서 하얀 꽃처럼 맑고 깨끗하게 살고, 꽃으로 이 세상을 아름답게 수놓는 좋은 일을 하면서 살라는 의미로 지었다 한다. 이름이 특이해서 알아보는 사람들이 많아 유명세도 타고, 이름을 지어준 부모님이 유명한 시인이냐고 묻기도 한다는 것이다. 이렇게 순우리말로 아름답고 뜻 깊은 이름을 지었다하지만 당사자인 조카는 이름 때문에 불편할 때가 많다고 한다. 병원에서 접수를 할 때나 인터넷사이트에 가입할 때 실명확인이 안 돼 가입이 어렵다는 것이다. 또한 서류에 이름을 쓸 때도 칸이 작아서 '백수아' '백놓아'로 줄여 쓰고, 친구들이 이름을 부를 때도 '수아'라고 줄여서 부른다고 한다. 그래서 어릴 때는 이름을 바꿔달라고 했지만 요즘은 호적을 변경해 준다고 해도 아빠가 지어준 이름이 좋다며 자신의 이름을 소중히 생각한다고 한다.

내 큰아들의 이름은 '백안진'이다. 12월 1일에 출생해 연말정산 혜택을 받으려고 갑자기 아들의 이름을 지어 호적에 올려야 했다. 면사무소까지 가는 짧은 시간에 이름을 짓는다는 것이 쉽지가 않았다. 결국 고민 끝에 아들이 태어난 곳, '진안'의 글자를 뒤바꿔 '안진'이라고 지었다. 그래서인지 진안이 제

2고향 같고 지금은 서울에서 살지만 진안이야기가 나오면 귀가 솔깃하다고 한다.

우리 주변에는 수많은 이름이 있다. 그 이름들은 뜻을 가지며 존재를 의미하고 불렀을 때 비로소 나에게 다가온다. 그래서 나는 낯선 곳이나 관광지에 가면 먼저 지명이 가지는 뜻을 알아보는 일이 많다. 한자로도 풀어보고 지리적인 의미로도 생각해 본다. 모두 뜻이 있다.

다시 한 번 내 주변에 있는 것들의 이름을 불러본다. 왜 '눈'과 '얼음'과 '고드름'이라 했을까. '겨울'이란 이름은 누가 지었을까. 추운 겨울에 이렇게 부드럽고 아름다운 이름을 붙여준 의미가 무엇일까. 이 겨울이 가기 전에 되도록 많은 이름을 부르고 싶다. 그들이 나에게로 와서 의미가 되고 나도 그들에게 의미로 다가가고 싶다. 김소월은 사랑하는 임의 이름을 부르면서 슬픔과 그리움을 시에 담았다.

> 산산이 부서진 이름이여, 허공 중에 헤어진 이름이여.
> 부르다가 내가 죽을 이름이여, 설움에 겹도록 부르노라.
> 떨어져나가 앉은 산 위에서 그대 이름 부르노라!

눈이 오면 눈이 와서 즐겁고, 바람이 불면 바람이 불어서 즐거운 겨울, 이 겨울에도 수많은 이름이 탄생되고 의미 있는 이름으로 아름답게 불리어지기를 기대한다.

가족사진을 보면서

미국 전역을 눈물바다로 만든 일이 있었다. 그들이 골인하는 순간, TV화면 앞에 있던 사람들은 모두 기립박수를 치며 눈물을 흘렸다. 전신마비 아들이 탄 보트를 매달고 3.9km를 수영한 아버지. 아들을 다시 사이클에 태우고 180km를 질주한 다음, 아들이 탄 휠체어를 밀고 49.195km, 마라톤 풀코스를 달린 아버지. 아버지의 나이는 64세, 아들은 43세였다. 뇌성마비 아들의 소원을 들어주려고 철인 3종 경기에 도전한 아버지의 사랑이 수많은 사람들을 감동케 했다. 옥살이를 하는 아들이 걱정되어 교도소 담장 밖에 천막을 치고 사는 한 어머니의 모습도 감동적이었다. 가족이 뭐기에? 이렇게 많은 사람들이 '가족'이란 이름으로 역경을 극복하며 힘겹게 살아가는지. 그 힘의 원천이 무엇인지 이해하지 못했던 나에게 새삼 깨우침을 준 것이 있다. 가족사진이다.

나는 가족사진을 보고 있을 때가 가장 행복하다. 장성한 두 아들이 결혼하여 나와 아내에게 손자 하나씩을 안겨주고 사진을 찍었으니 어찌 행복하지 않겠는가. 혼자 보기가 아까워 오거리광장에 나가 자랑이라도 하고 싶은 심정이다. 얼마 전에 찍은 가족사진이 나에게 새로운 의미가 되고 삶에 대한 이유로 다가올 줄은 미처 몰랐다.

지난봄 내 생일날, 가족 모두가 청바지에 하얀 티셔츠를 입고 사진을 찍었다. 같은 옷으로 통일한 것부터가 예사롭지 않았던지, 보는 사람들마다 그냥 지나치지 않았다. 결혼사진을 찍으러 온 예비 신혼부부들도 부러운 듯 쳐다봤다. 특히 육십이 넘은 내가 청바지에 티셔츠를 입으니 30대 청년 같은 느낌이 들어서 좋았고, 사진 속의 나는 실제 인물보다 더 젊고 잘 생겨서 좋았다. 그렇게 찍은 사진이 나에게 기쁨이 되고 행복감으로 다가왔다.

37년 전 아내와 결혼하여 2남 1녀를 두더니, 지금은 두 며느리에 두 손자까지, 벌써 아홉 식구가 되었다. 6개월 뒤면 손자 하나가 더 생기고 아마 사위도 생길 것이다. 이만하면 먹지 않아도 배부를 만하지 않는가!

해서 집에 있는 노트북과 사무실 컴퓨터 바탕화면에 가족사진을 올려놓았다. 컴퓨터를 켜면 먼저 가족들의 얼굴이 다가온다. 살며시 웃음짓고 있는 아내, 시집 못 간 것만 빼고는 나무랄 것이 없는 순박한 딸, 장동건보다 더 잘생긴 이해심 많은 큰아들, 항상 웃는 얼굴로 호감을 주는 재주꾼 작은아들, 그리고 우리 식구가 되어준 고마운 며느리들과 눈에 넣어도 아프지 않을 두 손자. 이들이 자나 깨나 보고 싶은 내 가족들이다. 누구 하나 빈자리가 생기면 못 살 것 같은 소중한 사람들이다. 사진 속에는 내 젊은 날이 있고, 오붓이 둘러앉아 피조개와 오리고기를 구워먹던 추억이 있다. 졸업연주 때 피아노 앞에 앉아 있는 딸을 보고 눈물 흘렸을 때도 있고, 교통사고로 죽음의 고비를 넘긴 큰아들의 아픈 기억도 있다. 어느 때는 두 손자의 눈을 보면서 미래 우리 가족의 희망을 찾기도 한다. 나는 일을 시작하기 전에 하나하나 가족들의 얼굴을 보면서 약속을 한다. "너희들을 지켜주는 보호막이 되고 버팀목이 되겠다. 열심히 일하는 아빠, 떳떳한 남편, 가족들에게 누가 되지 않는 가장이 되겠다." 그뿐만이 아니다. 가족사진을 보면 나는 참 행복한 사람이라는 생각이 든다. 가정을 잘 꾸려준 아내와 힘든 세상에 맞벌이를 하면서 열심히 사는 두 아들과 며느리들이 고맙다. 더 감사할 일은 가족 모두가 건강하다는 것이다. 몸도 건강하고 마음도 건강하지만 오순도순 살갑게 살아가는 모습들이 건강해서 좋다. 시어머니와 정겹게 이야기하는 모습도 좋고, 시누이와 잘 지내는 것도 좋고, 형제끼리 단 한 번도 다투지 않고 아끼고 위하면서 사는 모습도 좋다. 이래서 가족이 좋고 소중하다는 것을 느낀다.

얼마 전에 가족사진을 보면서 "이제라도 자주 만나고 많이 나누면서 살아야겠다."는 생각을 했다. 비록 동으로 서로 흩어져 살지만 가능한 같이 있는 시간을 많이 갖고 싶어서 올여름 휴가를 같이 보내기로 했다. 그래서 몇 개월 전부터 여행경비에 보태려고 매월 일정액을 모았고, 가족들과 함께 통영의 한 펜션에서 2박 3일을 같이 보내기로 했다. 한 방에서 부대끼면서 정을 나누고 모두가 가족의 구성원이라는 것을 느끼고자 한다. 생각만 해도 뿌듯하고 벌써부터 기다려진다.

오늘도 컴퓨터를 끄기 전에 다시 한 번 가족들의 얼굴을 본다. 온갖 추억이 되살아난다. 모두가 소중하고 고마운 사람들이다. 나를 행복하게 해주는 얼굴들이다. 어떤 인연이 있어 나와 한가족이 되었는지 그저 조상님께 감사할 뿐이다.

손자 교육의 고민

손자가 잠이 들었다. 아내도 곁에서 잠이 들었다. 손잡고 자는 모습이 참 다정스럽고 틀림없는 할머니와 손자다. 하지만 잠들기 전까지 저들에게 있었던 일을 나는 알고 있다.

피그말리온 효과(Pygmalion effect)라는 것이 있다. 누구에게 희망을 가지고 꾸준히 염원하고 노력하면 반드시 기대한 만큼 이루어진다는 것이다. 이는 고대 그리스 신화에서 유래된 것으로 많은 학자들이 어린 학생들을 대상으로 실험한 결과 그 효과가 입증됐다고 한다.

피그말리온이라는 조각가가 상아로 여인상을 만들었는데 얼마나 정교하고 완벽하게 만들었는지 마치 살아 있는 여인과 같았다고 한다. 그는 날마다 자신의 작품을 감상하다 그만 그 여인상에게 반하여 사랑에 빠지게 되었다. 축제가 열리던 날, 그는 조각을 어루만지며 "전능하신 신이시여, 바라건대 이 여상을 아내로 주소서." 하며 간절히 기도했다. 이를 안타깝게 여긴 미의 여신 아프로디테는 조각에게 생명을 불어넣어 그를 아내로 삼게 했다는 이야기다. 신념을 가지고 소원하면 꼭 이루어진다는 그리스 신화다. 10여 년 동안 초등학교 교육 현장에서 몸담았던 나의 경험으로도 수긍이 가는 이론이다. 간절한 마음으로 아이를 보살피고 사랑을 쏟으면 뜻하는 대로 이뤄진다는 것이다.

요즘 나는 심각한 고민에 빠져 있다. 얼마만 맡아달라고 두고 간 큰손자 때문이다. 도무지 이 녀석의 교육방법을 찾을 수가 없다. 30개월 된 손자는 보통 개구쟁이가 아니다. 한 시도 눈을 뗄 수가 없을 정도로 가만히 앉아 있지 못하고 움직인다. 옆에 두고 공부를 시킬 수가 없다. 뛰고 달리고 만지고 던지고, TV와 컴퓨터, 선풍기, 전기소켓, 뭐든지 끄고 켜고 제 마음대로다. 손자가 자지 않는 한 누구도 자기 시간을 가질 수 없다. 그 녀석이 잠들어야 겨우 책을 보고 컴퓨터 앞에 앉을 수 있다. 어느 때는 달래도 보고, 칭찬도 하고, 무섭게 보이려고 방바닥을 치며 두 눈을 부릅떠 봐도 그때뿐이다. 그래서 하루 종일 손자와 같이 있어야 하는 아내는 너무 힘들다고 한다.

아내와 나는 저대로 놔둘 수는 없다며 어떻게 교육시켜야

할지 고민했다. 나는 "매를 들어야 한다."고 했으나 아내는 "아니다. 젖떼기 전부터 아가방에서 자라서 자유분방하니 가능한 말로 타이르고 칭찬을 많이 해서 고치도록 노력해야지, 절대로 매를 들어서는 안 된다."고 했다. 이른바 피그말리온 효과를 기대한 것 같았다. 손자와 같이 생활한 지난 한 달 동안, 교육이 이렇게 힘든 것이라는 것을 새삼 느꼈다.

며칠 전에 어쩔 수 없이 매를 들었다. 깜박하는 사이, 손자가 자판기를 마구 누르는 바람에 컴퓨터로 작업하던 것들이 날아가 버렸다. 마침 옆에 대나무로 만든 효자손이 있어서 엉덩이 몇 대를 때렸다. 어른 말을 듣지 않으면 이렇게 맞는다는 것을 일러주고 싶었다. 아빠를 부르며 아프다고 엉엉 우는 손자의 모습을 보니 마음이 아팠다. 본인은 호기심이 생겨 무엇인가 만지고 싶었을 것이다. 처음 맞아보는 할아버지의 매에 서러움이 컸을 것이다. 잠시 뒤 안아주고 이해시켰지만 손자를 때린 할아버지의 비정은 꽤 오래갔다. 그 뒤로 내가 컴퓨터로 작업을 할 때는 자판기를 만지지 않으려고 자제하는 눈치가 보였지만 이것이 옳은 교육 방법이었는지 아직도 결론이 없다.

얼마 전에 학생을 마구 때리는 교사의 모습이 방송에 나왔다. 어떤 이유가 있었는지는 모르지만 보통 상식을 가진 교사라면 그럴 수는 없었을 것이다. 서울시교육청은 부랴부랴 체벌은 일체 금지한다고 했지만 이에 대한 반발도 만만치 않다.

과연 교육의 왕도는 무엇일까. 의사가 처방을 내리듯 문제마다 딱 맞는 교육방법은 없을까. 교육심리학에서는 피그말리온 효과보다 더 좋은 교육은 없다고 하지만 과연 칭찬만으로 교육이 가능할까. 잘잘못을 인지할 수 있는 아이들이라면 몰라도 말썽꾸러기들에게 과연 칭찬과 격려와 애정만으로 교육의 효과를 기대할 수 있을까.

피그말리온 효과에 대해 다시 한 번 생각해 본다. 아니 당장 손자에 대한 교육방법의 최대공약수를 찾고 싶다. 당근과 채찍이라는 말이 있듯이, 나는 칭찬과 사랑의 매는 반드시 필요하다고 생각하는데 혹자들은 내 생각에 동의할지 모르겠다. 손자에 대한 교육 역시, 단지 사랑 하나만으로 될 수 있는 일은 아닌 성싶다. 명심보감에 "아이를 사랑하거든 매를 주고, 미워하는 아이에게는 먹을 것을 많이 준다."는 구절이 있다. '사랑의 매'는 체벌과 차원이 다른 교육방법이다. 아이들은 부모와 교사의 '사랑의 회초리'로 인격을 가다듬고, 정치권은 선거라는 '민심의 회초리'를 의식해 정치를 한다. 기업은 '소비자의 회초리'가 무서워 좋은 제품을 만들고자 한다. 칭찬과 사랑의 매는 절대 필요하다고 생각한다. 하지만 바탕에는 피그말리온의 기도 같은 간절한 소망과 믿음이 있어야할 것이다.

엄마아빠와 떨어져 있는 손자, 티 없이 맑고 한없이 예쁜 개구쟁이, 미래 우리 가족의 희망. 그래서 할아버지는 이렇게 고민하고 있단다.

나의 첫 번째 유언

소설가 조정래 씨가 한 TV프로그램에서 인터뷰하는 것을 보았다. '손자는 눈에 넣어도 아프지 않다.'는 격언을 인용하면서 "손자가 생기니까 세상이 다시 보이고, 이제야 내 인생도 성공한 것 같다."는 의미심장한 말을 남겼다.

탤런트 박영규 씨는 자신의 과거를 회상하면서 "처음 연극을 할 때 건강관리를 못해 폐병에 걸렸는데, 결국 목숨을 건 어머님의 헌신적인 사랑으로 다시 살아나게 되었다."며 핼쑥했던 당시의 사진을 보여주면서 눈물을 흘리는 것을 보았다. 우리나라 부모님들의 자식에 대한 사랑은 특별하고도 유별나다.

우리 어머님은 1년 이상 대소변을 가리지 못할 정도로 힘든 투병생활을 하셨다. 낮에는 주로 여동생과 며느리들이 간호했고 밤에는 나와 동생들이 교대로 어머님의 병상을 지켰다. 지금 생각해도 참으로 힘든 시간이었다. 어머님은 치매에다 폐가 안 좋으셨고 나중에는 합병증까지 생기셨다. 너무 오래 누워 계셔서 등에 욕창이 생겼을 때는 상처를 바라보는 우리들까지 고통스런 나날이었다. 밤새도록 흘리는 침을 닦아드려야 했고 기저귀를 갈아드리고 대소변을 받아야 했다. 그때는 자식의 도리를 떠나 어머님께서 편안하게 빨리 하늘나라로 가셨으면 좋겠다는 생각까지 했었다. 우리 어머님은 눈물이 많으셨다. 내가 병원에 갈 때면 당신 때문에 자식들 고생시킨다고 미안해하며 애틋한 눈으로 나를 바라보면서 눈시울을 적시곤 했다. 운명하시기 직전에도 "형에게 연락하지 마라, 걱정한다."라며 마지막까지 자식을 걱정하다 가신 어머님이야말로 세상에서 가장 거룩한 분이 아니겠는가.

결국 살아서는 입어보지 못한 무명옷을 죽어서야 입으시고, 한겨울에 차디찬 흙으로 돌아가셨지만 멀리서 직장생활을 한다는 핑계로 가까이서 모시지 못한 것이 한스럽고 죄스러웠다. 그것이 못내 가슴 아파서였는지, 나는 며칠 전에 자식들을 생각하는 마음으로 유언 아닌 유언장 하나를 썼다. 그것이 바로 '사전의료지시서'다.

내가 갑작스런 사고나 중한 병에 걸려 의식불명으로 의사표현을 못하는 상태가 된다면 내가 지시하는 대로 해달라는 유언이었다. 사전의료지시서는 소생이 불가능한 식물인간이 되었을 경우 무의미한 연명치료를 하지 말고 편안하게 운명할 수 있게 해달라는 치료에 대한 자신의 소망을 문서로 남겨두는 것이다.

얼마 전 세상의 이목을 끌었던 일이 있었다. 의식불명상태로 인공호흡기에 의존하며 생명을 연장하던 김 아무개(78세) 할머니의 가족들이 환자가 편안하게 하늘나라에 갈 수 있도록 해달라는 바람을 의료진이 거부해서 법원까지 간 사건이다. 결국 대법원이 가족들의 손을 들어줘 인공호흡기는 떼었지만 1년이 넘는 소송 기간 동안 할머니는 인공호흡기를 달고 살아야 했다. 할머니는 평소에도 "나는 산소호흡기 같은 것으로 연명하고 싶지는 않다."라는 말을 자주 했다고 하지만 근거할 만한 것이 없어서 법원까지 간 사건이었다.

그 뒤로 많은 사람들이 '사전의료지시서'를 써서 가족들에게 주거나 보관하는 일이 많아졌다. 나도 김 할머니 같은 경우가 된다면 어떻게 할까? 환자의 입장에서, 가족들의 입장에서 곰곰이 생각해 봤다. 결국 편안한 죽음을 선택하기로 했다. 아니 가족들에게 힘든 병간호라는 멍에의 고통을 주고 싶지 않았다. 그래서 '사전의료지시서'라는 것을 작성했다. "담당 의료진과 나의 가족들은 심폐소생술이나 인공호흡기 등 일체의 생명연장을 위한 시술은 하지 말고, 통증이 심한 경우에 진통 처방만으로 조용히 숨을 거둘 수 있게 해 달라."

는 내용이었다. 혹시 가족들이 조금이라도 죄책감을 가질까 봐 "이것이 내가 바라는 존엄사의 길이니 의료진이나 나의 가족, 자녀들은 마음의 부담이나 죄책감을 갖지 말고 나의 뜻에 따르는 것이 나를 위하는 길이요, 나의 마지막 부탁임을 명심하여 꼭 지켜 주기를 부탁한다."라는 말을 덧붙였다. 그리고 법원 근처에 있는 한 법률사무소에서 공증을 받아 아내와 자식들에게 주었다. 처음에는 깜짝 놀랐지만 나의 설명을 듣고는 "그런 일은 없어야 하겠지만 아버지의 뜻을 존중하겠습니다. 그러나 운명하실 때까지는 최선을 다하겠습니다."라는 동의를 얻었다. 그리고 죽으면 화장을 해서 선유도 근처의 바다에 뿌려달라고 했다. 모처럼 자식들을 위해서 해야 할 일을 한 것 같아 요즘은 부쩍 행복감을 느낀다. 특히 손자들이 집에 와서 놀 때는 더 행복하다. 나의 바람은 가족들이 건강하고 행복하게 힘들지 않은 세상을 살았으면 좋겠다는 소망뿐이다.

조금씩 보내드린 용돈으로 죽음을 대비해 자식들의 상복과 당신의 수의를 장만해 놓으셨던 어머님이 오늘따라 더 그립다.

선보러 가는 날

오늘은 서른여섯을 갓 넘긴 딸이 선을 보러가는 날이다. 다른 사람들 같았으면 아들 딸 다 낳고, 이미 학부모가 되어 있을 나이인데 아직도 선을 보러 다니니 안쓰럽기까지 하다. 그동안 자의 반 타의 반으로 딸이 선을 본 사람은 어림잡아도 30명이 넘는다. 이러다가는 〈101번째 프러포즈〉라는 영화처럼 딸이 그 숫자를 채우는 것은 아닐지 은근히 걱정이다. 사실 서른이 넘을 때만 해도 딸의 결혼에 대해서 크게 걱정하거나 설마 내 딸이 서른여섯이 넘도록 결혼을 못할 거라고는 상상조차 못했다.

하지만 요즘은 딸의 결혼문제가 집안 걱정 1호가 되었다. 지난 1월 1일에도 '올해는 우리 딸 자영이가 좋은 배필을 만나 꼭 결혼하게 해 주십시오.'라고 기원했다. 그동안 딸의 결혼문제는 전적으로 아내가 맡아왔다. 그러나 이제는 같이 나서야 할 것 같다. 마치 벼랑 끝에 내몰린 짐승처럼 무엇인가에 쫓기는 것 같은 조급한 이 마음을 누가 알아줄까.

내가 딸의 결혼을 갑자기 서두르게 된 것은 설 명절을 보내면서다. 명절 때 집에 온 두 남동생의 아기를 무척 예뻐해 주던 딸, 기저귀를 갈아주고, 울면 업어주고, 그러면서 동생들에게 영화관에 다녀오라며 조카 둘을 돌봐주던 딸이 너무나 안쓰럽게 보였기 때문이다. 외할머니와 삼촌들은 "딸을 집에만 있게 하지 말고 학원이건 교회건 무조건 남자들이 있는 속으로 내쫓으라."고 하지만, 나는 딸이 결혼을 못하고 있는 이유가 나 때문이라고 생각한다. 남성들이 첫 번째 조건으로 내세우는 예쁜 얼굴을 선물로 주지 못했다. 공부 잘하는 영리한 머리도 물려주지 못했다. 그래서 괜찮은 직장에서 남성들과 어울려 커피 한 잔 마실 수 있는 기회도 주지 못했다. 한때는 학원에서 피아노 강사를 했지만 그것도 내가 강원도로 전근을 가면서 그만두어야 했다.

서양속담에 '바다에 나갈 때는 한 번 기도하고, 전쟁터에 나갈 때는 두 번 기도하며, 결혼식장에 나갈 때는 세 번을 기도하라.'라는 말이 있듯이, 서로 다른 환경에서 자란 두 사람이 부부의 연을 맺는다는 것은 쉬운 일이 아니다. 선을 보고 난 뒤에 한쪽에서 마음에 들면 다른 쪽이 반대하고, 저쪽이 좋다고 하면 이쪽에서 싫다고 하니 어쩌란 말인가. 하지만 나는 우리 딸처럼 순박하고 귀엽고 요즘 같은 세상에 때가 묻지 않은 여성은 없다고 믿고 있다. 지금까지 얼굴에 화장품을 바른 적이 없고, 술은 물론 콜라도 입에 대본 일이 없다. 대학졸업 때까지 남자친구를 사귀었다거나 밖에서 자고 온 일은 단 한 번도 없다. 또한 피아노를 전공했기 때문에 감수성이 풍부하고 서정적이며 가정적이어서 괜찮은 며느릿감이라고 생각하고 있다. 누구는 너무 보수적이라고 생각할지 몰라도 가족들이 노래방에 가거나 여행을 가면 딸이 분위기를 다 잡는다. 노래도 잘하고 춤도 잘 추고 가족들을 웃기는 유머도 준비해 갈 때가 있다. 엄마를 닮아서 음식도 잘하는 편이다. 그런 딸인데 나이가 차도록 시집을 못가고 있으니 참으로 답답한 노릇이 아닌가!

딸이 선을 보러 간 날은 시계를 자주 보는 습관이 생겼다. 가능한 늦게 들어오기를 바라는 마음에서다. 좋은 사람을 만나 정담을 나누고 이왕이면 애프터서비스까지 받고 오기를 바라는 은근한 기대감 때문이다. 딸이 선을 보고 집에 들어올 때는 먼저 딸의 얼굴을 본다. 밝은 표정으로 웃으면서 들어오기를 기대하면서 말이다. 어느 때는 힘없이 들어오는 딸에게 위로의 말을 건넨 일도 있다. "주변에는 사십이 넘었는데도 결혼에 연연하지 않고 열심히 살아가는 사람들이 많다. 누구든 운명적인 만남이 있는 것이고, 하늘이 점지해 둔 짝이 있으니 실망하지 말고 기다리자."

오늘 만나는 남자는 단골집 사모님이 소개한 사람이라는데 어떤 남자인지 궁금하다. 약속시간이 다가오는데도 딸은 예전처럼 서두르지 않고 느긋하다. 처음 선을 보러갈 때는 입고 갈 옷을 미리 입어보고 나에게 예쁘냐고 물어보기도 했는데, 요즘은 거울을 보는 횟수도 줄어들고 선보는 대상에 대해서 깊게 알려고도 하지 않는 것 같다. 크게 기대하지 않아서인지, 여유가 생겨서인지, 속으로 걱정하고 애를 태우는 사람은 나뿐인 것 같다. 오늘은 웃으면서 들어오는 딸의 얼굴을 보고 싶다. 아니 딸과 결혼하게 해달라며 집으로 쫓아와 애원하는 남자가 있다면 더 없이 좋겠다.

고마워요 내 사랑

지난 일요일, 후배의 동생 결혼식에 주례를 서게 됐다. 40대 초반에 주례를 선 뒤 15년 만이다. 세상 것들이 다 바뀌고 있는데도 결혼식만은 예나 지금이나 크게 달라진 게 없다. 굳이 찾는다면 두 사람의 성장 과정을 영상으로 보여주는 것이 좀 다르다고 할까.

결혼식의 꽃이라면 나는 주례사라고 생각한다. 재미있는 주례님들은 웃기기도 하고, 어떤 분은 직접 축가를 불러주기도 한다. 그래도 대부분은 두 사람의 결혼생활에 필요한 덕담이나 소중한 인생 경험담을 말해 주신다. 그래서 나는 결혼식장에 가면 주례의 말씀을 귀담아 듣는 편이다. 아내와 함께 가정을 이루고 살아온 자신의 생활을 되돌아보는 계기가 되기 때문이다.

내 결혼식에 주례를 맡았던 분은 대학교 때 지도교수님이셨던 유명한 시인이셨다. 지금은 고인이 되셨지만 그날의 주례사는 민망할 정도로 나에 대한 칭찬이 많았고, 예쁘고 착한 신부를 아내로 맞아서 기분이 좋겠다는 말씀도 하셨다. 기억에 남는 말은 '하인론'이다. "하인이 주인을 섬기듯 아내에게 잘하라." 신부에게는 "남편을 하인 부리듯 지혜로움을 가지고 살라."는 것이었다. 그리고 "하인은 주인에게 성실하고, 순종하며, 일 잘하고, 한결같은 마음을 가져야 되고, 주인은 하인을 부릴 때 적당한 일감과 휴식을 주고, 아프면 치료해 주고, 때로는 맛있는 음식도 해주고, 일을 시킬 때는 칭찬과 격려의 말을 많이 해주는 것이 좋다."라는 말씀도 덧붙여 주셨다. 결국 하인과 주인관계는 존경과 사랑과 지혜로움이 있어야 한다는 것이었다.

이번에 주례사를 준비하면서 나도 이 말을 해줄까 생각해봤지만 잘 알지 못하는 양가의 부모님들이 계신 자리에서 '하인과 주인' 이야기가 나오면 이상하게 생각할까 봐 그만두기로 했다. 대신 노래 한 곡을 소개하면서 그 속에 담긴 가사의 뜻을 음미하도록 했다. 강재현 시인이 쓴 글을 가수 신계행이 부른 〈고마워요〉라는 노래였다.

♬고마워요 날 위해 태어나 준 그대

감사해요 그대를 알게해준 세상 그대를 만나기 위해 이 먼 길을 돌아왔나 봐요.

이제 나는 세상이 두렵지 않아요.
그댈 위해 고난도 이겨낼 수 있죠.
하늘이 정해준 운명, 단 하나의 사랑인걸요.
그대가 내 안에서 오래오래 행복할 수 있게
그대가 내 안에서 오래오래 편안할 수 있게
뜨거운 가슴으로 살아갈게요.
감사해요, 내 사랑. 고마워요 내 사랑♬

결혼은 인륜지대사요 가장 축복받을 일이다. 두 사람이 만나 부부로서의 연을 맺고 평생을 같이 살기로 서약하는 성스러운 의식이다. 결혼은 두 사람의 육체적 결합뿐만 아니라 영적인 결합을 의미한다. 그래서 사랑의 힘은 위대하고 강하며, 어떤 이는 하늘이 정해준 운명이라고도 말한다. 나는 신랑 신부에게 이 시를 소개하면서 항상 "고마워요 내 사랑!" 이라고 말하면서 감사하는 마음으로 행복하게 살기를 바란다는 말로 주례사를 마쳤다. 식이 끝나고 돌아오면서 스스로에게 주례 때 했던 가사의 내용을 질문했다.

진정 나는 날 위해 태어나준 그대와 세상에게 얼마나 감사하며 살았는가.

그대가 있기에 세상이 두렵지 않았고, 어떠한 고난도 이겨낼 수 있었는가.

그대를 하늘이 정해준 운명이고 단 하나의 사랑으로 생각하고 살았는가.

그대가 내 안에서 행복하고 편안하게 살 수 있도록 최선을 다했는가.

젊은 날의 아름답고 소중했던 시간들이 다시 왔으면 좋겠다는 생각이 들었다. 같이 있으면 무엇이든 할 수 있고, 어떠한 고난도 이겨낼 수 있었던 그때가 그리웠다. 그렇다고 지금의 생활이 불만스럽거나 후회해서가 아니다. 오히려 지금껏 함께 살아준 아내에게 더 많이 감사하고 고마울 뿐이다. 그럼에도 지난날들이 그리운 것은 어느새 이순을 바라보는 나이에 지나온 그 세월이 너무 무상無常하기 때문이다. 이제는 연인 때보다 더 소중한 사람으로, 신혼 때보다 더 아름다운 부부로, 하늘이 정해준 인생의 반려자로 생각하고 감사하며 살고 싶다. 그리고 이렇게 기도한다. "그대가 내 안에서 행복할 수 있게, 그대가 내 안에서 편안할 수 있게, 뜨거운 가슴으로 살아갈게요. 감사해요 내 사랑! 고마워요 내 사랑!"

남은 삶이 많지 않으니 살갑게 더 사랑하면서 살아야하지 않겠는가.

자식사랑 손자사랑

낼모레면 예순 살이 되는 여인이 있다. 흔한 계모임 하나 없고, 동창회에서 전화가 와도 참석하지 않는 고지식한 여자다. 젊었을 때나 지금이나 멋낼 줄 모르고 오직 가정과 가족들만 생각하고 사는 사람이다. 하지만 가는 세월을 어쩌랴! 늙지 않을 것 같던 얼굴에는 어느덧 잔주름이 내리고, 머리카락은 부석부석하고 윤기가 없어 만지면 금방이라도 부서질 것 같다. 눈썹은 있는지 없는지 희미해졌고, 눈꼬리는 힘이 부치는지 아래로 처져 있다. 평생 얼굴에 짙은 파운데이션 한 번 바르지 않은 고운 피부였는데, 요즘은 곳곳에서 기미와 잡티가 발견된다. 처녀 적 아름다웠던 모습은 어디로 가고 늦가을 단풍처럼 생기를 잃었는지 안쓰럽다.

그녀에게는 큰딸과 두 아들이 있다. 딸은 서른일곱이지만 아직 결혼을 못했고, 두 아들은 각각 서른다섯과 서른두 살, 모두 결혼을 하여 이미 손자 하나씩을 두고 있다. 그리고 두 아들 다 맞벌이 부부들이다. 이 여인에게 변화가 온 것은 손자가 생기면서였다. 불과 3년 전만해도 생각지도 못했던 일이다. 이 여인의 삶을 지배하는 것, 밤낮없이 그녀의 일상을 좌지우지하는 것은 자식과 손자들이다. 상대적으로 남편과 딸은 뒷전이 됐다.

아들들이 결혼을 하면서 집안에는 하나둘씩 사진이 걸리기 시작했다. 전에는 벽에 걸린 가족사진 하나가 유일한 것이었는데, 지금은 안방에도 작은방에도, 거실에도 주방에도, 하물며 화장실까지도 눈만 돌리면 아들과 손자들의 얼굴이 눈에 들어온다. 하다못해 내 사무실에도 반 강제로 손자의 사진을 놓게 했다. 얼마 전에는 손자들을 본다고 전화기도 동영상이 나오는 휴대전화로 바꿨다. 그뿐이 아니다. 아침에 눈뜨면 손자 생각, 밤이 되면 자식사랑, 그녀의 자식사랑 손자사랑은 끝이 없다. 작은아들은 가까운 데 살고 있어서 자주 볼 수 있고, 더구나 안사돈이 오셔서 손자를 돌봐주고 있어서 걱정이 덜하지만, 문제는 큰아들 가족이다. 두 살 난 큰 손자는 돌봐줄 가족이 없어서 젖을 떼기도 전부터 아가방 보모들이 키우고 있다. 그녀가 가장 마음 아파하는 것이 그것이다. 한참 자야할 시간에 엄마 아빠와 함께 일어나 출근준비를 하고, 아침

7시 30분이면 아가방에 맡겨져 저녁 7시 30분, 자기를 데리러 올 때까지 하루 종일 엄마 아빠를 기다리고 있을 손자가 안쓰럽다는 것이다. 그래서 어느 때는 손자사진을 어루만지면서 눈시울을 적시기도 한다. 요즘은 아가방 보모에게 전화를 걸어 어떻게 하고 있느냐고 묻기도 하고, 어떤 때는 손자를 잘 부탁한다며 고구마와 유기농 사과를 보내주기도 했다.

그녀의 사랑은 손자뿐이 아니다. 큰아들은 신문사 기자인데 일주일에 2~3일은 늦게까지 야간근무를 해야 한다. 그럴 때는 잊지 않고 문자를 보낸다. "우리 아들 고생한다. 가족을 생각해서 열심히 직장생활 잘하고, 술은 조금씩만 마셔라. 엄마가 아들 사랑하는 거 알지?" 밤에 일기예보를 듣다가 날씨가 춥다거나 서울에 눈이 온다고 하면, 어김없이 전화를 건다. "내일 아침에 옷 따뜻하게 입고 가라. 손자도 장갑 챙겨주고 꼭 마스크 쓰게 해라." 자식이 장성하여 아들을 둔 나이인데도 그녀의 자식사랑과 자식에 대한 걱정은 끝이 없다. 그녀가 큰아들을 특별히 염려하는 것은 태어날 때 목에 탯줄을 감고 나온 데다, 초등학교 6학년 때 수십만 명 중에 한 명이 걸릴까 말까 한다는 루마티스열병과 20대 초반에 교통사고가 일어나 아들을 잃을 뻔한 일이 있었기 때문이다. 더구나 큰아들은 술을 좋아해서 어느 때는 자정이 넘도록 술집에 있을 때가 있다. 그러면 큰아들이 귀가할 때까지 잠을 못 이루고, 강추위가 있던 어느 날은 술 마시고 있는 지역의 경찰지구대로 전화를 걸어 아들이 안전하게 택시를 탈 수 있도록 도와달라고 애원한 일도 있다. 자식에 대한 부모의 사랑은 끝이 없다고 하지만 그녀의 사랑은 도를 넘는 것 같다.

일 년에 두세 번, 큰아들 가족이 온다고 하면 최소한 보름 전부터 아이들 맞을 준비를 한다. 집안 구석구석 손자가 만지고 다닐 만한 곳은 먼지 하나 없이 닦아놓고, 손자에게 줄 선물과 좋아하는 음식, 심지어 집에 갈 때 보낼 것까지 미리미리 준비해 놓는다. 언젠가 그녀가 이런 말을 했다. "우리 집 보물 1호는 손자들, 2호는 자식들, 3호는 자신이고, 꼴찌는 남편이다."고. 또한 "자식은 내 뼈와 같고 손자는 내 살과 같다."고 말한다.

그래도 남편은 그녀가 좋은가 보다. 겉으로는 표현을 안 하지만 자식 손자에게 잘하는 아내를 좋아하지 않을 사람이 어디 있겠는가. 사실 남자들도 아내들 못지않게 자식 손자에 대한 사랑이 크다. 엄마의 사랑이 호수와 같다면 아빠의 사랑은 바다와 같을 것이다. 엄마들처럼 다정다감하지 못하고 세세한 점은 부족하지만 가시고기처럼 가족을 위한 희생과 보호본능은 그 깊이를 무엇으로도 헤아릴 수 없을 것이다. 오늘도 그 여인은 돋보기를 콧등에 걸치고 가끔씩 시계를 본다. 저녁 8시가 가까워지면 버릇처럼 휴대전화를 만지작거린다. 아들과 손자가 귀가하는 시간을 기다리는 것이다. 오늘은 또 무슨 말을 하면서 휴대전화로 손자의 얼굴을 볼지 기대된다. 사실 남편도 이 시간이 기다려진단다.

따뜻한 둥지

나의 생활공간은 주로 거실이다. 식사도 거실에서 하고, 잠도 거실에서 잘 때가 많다. 책장도 거실에 있고, 애인처럼 사용하는 컴퓨터와 다목적으로 사용하는 키 작은 책상도 거실에 있다. 앉아도 좋고 누워도 좋은 소파도 있고, 더우면 시원하게 해주는 에어컨과 심심할 때 친구가 되어주는 TV도 거실에 있다. 한쪽은 스포츠중계를 켜놓고 다른 한쪽으로는 좋아하는 다큐멘터리 프로그램을 볼 수 있어 좋다. 거실에는 언제나 운동할 수 있는 러닝머신도 있고, 아령과 훌라후프도 있다. 거실은 나의 다목적 공간인 셈이다.

그뿐만이 아니다. 커튼을 열면 작은 식물원이 펼쳐진다. 베란다에는 언제 심었는지도 모를 갖가지 나무와 화분들이 즐비하다. 관음죽 종류와 난 종류, 라일락, 재스민, 선인장과 고무나무 그리고 겨우내 꽃이 피는 계화나무도 있다. 아내는 신혼 때부터 나무 키우기를 좋아했고, 평생의 소원이 정원이 있는 주택에 살면서 갖가지 나무를 심고, 철따라 피는 꽃을 보면서 사는 것이라 했다. 아직까지 그 꿈은 이루지 못했지만 집안에서 나무를 키우는 재미도 쏠쏠하다. 나무마다 생김새가 다르고 특성이 달라 계절에 따라 변하는 모습들이 볼만하다. 더구나 꽃 종류는 철따라 우리들의 눈과 코를 즐겁게 해준다. 꽃이 예쁜 것도 있지만 향기가 그만인 것도 있다. 그 중에서 천리향과 난은 그 향기가 그윽하여 창문을 열어놓으면 거실 가득히 은은한 자연이 밀려온다. 향이 천 리를 간다 해서 이름 붙여진 천리향은 조금 있으면 꽃망울이 맺을 것이다. 아직은 수줍어 고개를 들지 못하는 난도 봄 채비를 하고 있다. 조금 있으면 겨울을 나기 위해 거실로 들어온 산세비리아와 폴리시아스도 베란다로 나가야 한다.

거실에는 내가 좋아하는 동물도 있다. 언젠가 지인이 왔을 때 "이 집은 동물농장 같다."고 말한 적이 있다. 우리 집에는 애완견 뭉치와 앵무새 방울이, 오색조 푸름이, 그리고 두 마리의 애완 닭과 달팽이가 있다. 애완 닭은 딸 방에 있고, 달팽이는 주방에서 살지만, 애완견 뭉치와 새들은 나와 같이 거실에서 산다. 등에 푸른색이 많아서 푸름이, 눈방울이 크고 예뻐서 방울이라고 했다. 아침에 일어나면 새들의 지저귐이 너무나 좋다. 새마다 목소리가 달라 녀석들이 함께 지저귈 때는 마치 숲 속에서 듣는 '대장간의 합창'으로 착각될 때가 있다. 새들도 기분에 따라 소리를 다르게 낸다. 햇볕이 드는 조용한 오전은 맑고 청아한 소리를 낸다. 오후가 되면 소리가 느려져 방울이가 먼저 매김소리를 내야 푸름이도 따라서 받음소리를 낸다. 마치 노래를 주고받으며 부르는 농요나 민요를 듣는 것 같다. 채소를 주면서 기르는 달팽이도 아내는 끔찍하게 생각한다. 애완 닭은 병아리 때부터 길렀는데, 수개월이 지나자 변 냄새가 심해서 아예 거실에는 발도 못 붙이게 단속을 하지만 딸 방을 탈출하면 사고를 내고 만다. 누군가가 멍청한 사람을 닭대가리라고 했는데 맞는 말인 것 같다. 닭은 변을 가리지 못해서 골치다. 애완견 뭉치는 10년을 같이 산 우리 집 여섯 번째 식구이고 실제로 사람과 다를 바가 없다. 하루 세 번씩 밥을 먹고, 아프면 병원에 가고, 추우면 옷 입고, 돈을 들여 목욕하고 이발하고, 여행갈 때는 상전으로 모신다. 우리들은 뭉치를 아예 막둥이라고 부른다. 우리 집에서 제일 귀엽고 영리하고 웃음과 기쁨을 가장 많이 주는 식구다. 내가 집에 들어서면 제일 먼저 달려드는 것이 애완견 뭉치다. 뭉치를 안아주고 나면 방울이와 푸름이를 불러줘야 한다. 이름을 부르면 어느새 고운 목소리로 응답해온다. 나는 이들로부터 충분한 보상을 받고, 과분한 위안을 받으면서 살고 있다.

10평 남짓 좁은 공간이지만 나는 거실이 좋다. 거실에 있으면 엄마 품 같은 편안함과 따뜻함을 느낀다. 만성피로로 돌아온 나에게 거실은 피로회복제와 같은 곳이다. 소파에 등대고 누우면 강아지가 달려와 배 위에 눕고, 벽에 걸린 그림과 사진을 보면 지난날 아름다웠던 추억들이 떠오른다. 갖가지 꽃나무가 있는 창 쪽에서는 자연의 푸르름이 밀려오고, 이때쯤 방울이와 푸름이가 한껏 청량한 목소리로 지저귀면 거실은 온통 자연이 되고 나는 행복한 지배자가 된다. 다시 한 번 같은 둥지에 있는 동반자들을 둘러본다. 책상과 컴퓨터, 소파와 TV, 러닝머신과 에어컨, 벽에 걸린 액자들, 그리고 함께 숨쉬며 살아가는 나무와 동물들, 이들이 있어 나는 더 행복하다.

손자와 휴대폰

우리 가족은 큰아들 내외와 작은아들 부부 그리고 서른이 훨씬 넘었는데도 아직 시집을 못 간 큰딸이 있다. 큰아들은 2년 전에 결혼해 서울에 살고 둘째아들은 지난해 결혼하여 전주에서 가까운 봉동에 신혼살림을 꾸렸다. 언제부턴가 우리 집은 봉동에 사는 작은아들이 오기를 기다리게 되었다. 작은아들이 집에 오는 날은 집안이 시끄럽고 분위기가 확 달라진다. 아들은 주말을 이용해 한 달에 세 번 정도 오는데 사정으로 집에 오지 못하는 날은 모두가 풀죽은 배추마냥 늘어지고, 집사람은 "뭐가 바쁘다고 못 오는지 모르겠다."며 푸념을 토하기도 한다. 어제 저녁에도 작은아들에게 전화를 걸어 "언제 올래. 잠깐 왔다갈 수 없냐? 이번 주말에는 올 수 있지? 꼭 와야 한다."며 간절한 목소리로 애원을 했다. 우리가 작은아들을 기다리는 것은 얼굴이 보고 싶어서나 신혼생활이 궁금해서가 아니다. 단지 화상통화를 할 수 있는 휴대전화를 가지고 있기 때문이다. 우리 집 식구 다섯 중에 동영상 전화기를 가진 사람은 두 아들뿐이다. 나와 집사람, 그리고 큰딸은 오래된 세대라 요즘 나오는 전화기가 아니어서 동영상을 볼 수가 없다.

사실 우리가 작은아들이 가지고 있는 휴대전화를 기다리는 것은 11개월 된 손자가 보고 싶어서다. 지난해 큰아들이 손자를 낳았다. 그것도 집안의 5대 장손이다. 그 아이가 우리 집에 오면서 집안의 화제는 온통 그 녀석이 독차지하고 있다. 그뿐만이 아니다. 집 안 곳곳 눈 돌리는 곳마다 그 녀석의 사진이 걸려 있다. 휴대전화 속에도, 안방, 거실, 부엌, 큰딸 방에서도, 하물며 내 사무실 책상 위에도 환하게 웃는 모습의 손자 사진이 있다. 모두가 집사람과 딸의 신앙 같은 집념 때문이다. 얼마나 보고 싶으면 이러는가 하는 생각도 들지만 사실 나도 보고 싶을 때가 많다. 내 자식들 셋을 키울 때는 이런 일이 없었는데, 손자가 왜 이렇게 보고 싶은지. 우리가 손자에게 더 정이 가고 안쓰럽게 생각하는 것은 백일이 지나면서 남의 손에서 자라고 있기 때문이다. 맞벌이 부부인지라 매일 아침 어린이집에 맡겼다가 퇴근 때에 데리고 간다고 한다. 그래서 주말이면 봉동에 사는 작은아들이 오기를 기다리고, 아들이 와야 동영상을 통해 서울에 있는 손자를 직접 볼 수 있기 때문이다. 일주일이 다르게 변하는 모습이 신기했다. 누워서 네 발을 버둥거리다가 한 번씩 엎어지는 모습을 본 지가 얼마 전이었는데, 이번에는 조금씩 기어가기 시작했다. 그러던 어느 날 벽을 잡고 일어나더니 갑자기 걷기 시작했다. 뒤뚱뒤뚱 걸어가는 모습을 본 순간 환호가 터져나왔다. 마치 경이로운 것을 본 것처럼 우리는 소리쳤고, 손자 이름 '승우'를 불러댔다. 집사람 눈에 눈물이 글썽이는 것을 보았다. 얼마나 신기한 일인가. 세상에 태어날 때가 엊그제였는데 벌써 걸음마를 하다니. 손자가 걸음마를 시작하던 날, 우리 집은 경사였다. 피자와 통닭을 시키고 나는 정량 이상의 술을 마셨다. 그때의 뿌듯함을 어떻게 표현할까. 손자가 뭔가, 가족이 뭐고 핏줄이 뭔가. 생명이 태어나서 자라고 그래서 가족의 한 구성원이 돼가는 모습을 지켜보던 선조님들도 이랬을까? 4남 2녀 중 장손으로 태어난 나를 특별히 예뻐했던 할아버지와 할머니, 그리고 고모님들의 얼굴이 떠오른다. 참으로 좋은 세상이다. 휴대전화가 없었다면 어떻게 서울에 있는 손자의 얼굴을 볼 수 있겠는가. 1년에 겨우 두세 번밖에 만날 수 없는 손자와 아들 가족들을 언제나 볼 수 있게 해준 사람들에게 새삼 고마운 마음이 든다. 여름휴가 때 만났으니 손자를 못 본 지가 벌써 3개월째다. 설 명절 때나 올 수 있다는데, 벌써부터 보고 싶다. 어떤 모습으로 변해 있을까? 지난여름보다 훨씬 컸을 손자의 모습을 상상해 본다.

애물단지 색소폰

TV에서 색소폰을 연주하는 사람들을 보면 더 없이 부럽다. 더구나 나이가 지긋한 어른들이 하얀 와이셔츠에 나비넥타이를 매고, 두 눈을 지그시 감고 〈대니 보이〉나 〈밤안개〉를 연주하는 모습은 생상만 해도 멋있고 감동적이다. 이렇게 색소폰 부는 사람들이 부럽고 멋있어 보이는 것은 그럴 만한 이유가 있어서다.

지난 생일날, 큰아들이 아버님 생신선물이라며 큼지막한 가방을 내놓았다. 열어보니 노란 금색으로 도금한 번쩍번쩍 빛나는 색소폰이었다. 생전 처음 만져보는 색소폰, 가끔 음악 콘서트나 밤무대에서 보던 색소폰이었다. "나이가 드시면 취미거리가 있어야 하는데, 생각 끝에 아버지한테 좋을 것 같아서 샀습니다." "배우는 것도 어렵지 않고 악기를 불면 폐활량이 좋아져 어른들에게 가장 좋은 악기입니다." 배워서 금년 가을 손자 돌 때 멋있게 연주해 달라는 부탁까지 했다.

음식을 먹으면서도 자꾸만 악기 쪽으로 눈이 갔다. 색소폰은 피리와 같아서 마음먹고 몇 개월만 연습하면 어떤 곡이라도 연주할 수 있다니 생각만 해도 기분이 좋았다. 그리고 상상했다. 손자 돌 때 친척과 하객들이 모인 자리에서 가족 대표로 할아버지가 나가서 멋들어지게 색소폰을 연주한다면 얼마나 멋있고 좋을까. 그리고 올겨울 동창회와 송년모임 때 분위기 있는 곡을 연주해주면 모두가 감동할 것이 아니겠는가.

사실 내가 색소폰에 대해 관심을 가진 것은 얼마 전에 멋있게 색소폰을 연주하는 선배를 보았기 때문이다. 젊은 시절, 취재하고 글만 썼던 선배가 색소폰을 연주한다는 것은 상상만 해도 재미있는 일이었다. 다른 사람들도 조금은 놀라는 표정이었다. 그 선배, 분위기가 익어갈 무렵에 무대 앞으로 나가더니, 취미삼아서 배운 것이라며 색소폰을 연주하기 시작했다. 처음에는 크게 기대하지 않았는데 제법 능숙한 솜씨로 귀에 익은 노래 몇 곡을 부르는 것이 아닌가. 노래가 끝날 때마다 객석에서는 앙코르가 나왔고, 식당 직원들도 우리들의 홀로 모여들었다. 대학에서도 학생들한테 인기가 많다고 했다.

그런 일이 있었던 뒤라 색소폰에 관심이 갔고 배우고도 싶었다. 다음날 악기를 불어보기로 하고 색소폰 줄을 목에 걸었다. 다들 폼이 난다고 했다. 더듬더듬 손가락 위치를 잡고 색소폰을 불어봤다. 처음에는 헛바람이 나고 이상한 소리가 났지만 금방 소리의 감을 잡을 수가 있었다. 하지만 색소폰의 소리가 장난이 아니었다. 금방이라도 안내실 아저씨가 달려올 것만 같았다. 도레미파~소리가 높아질수록 고민거리도 커갔다. 학원에서 배운다 해도 혼자 연습을 해야 하는데, 이런 소리를 내면서 어디서 연습을 하란 말인가! 아무리 생각해도 연습할 장소가 마땅치 않았다. 차 안에서 연습을 할까? 하는 생각도 해봤지만 그러려면 차를 끌고 시내에서 멀리 떨어진 곳으로 가야 하는데 그것도 쉽지가 않을 것 같았다. 어쩔 수 없이 음악협회 사무국장과 상의를 했다. 사무국장은 얼마든지 배울 수 있다며, 먼저 배울 사람을 소개해 줬다. 음악대학 4학년 학생이고, 레슨은 매주 화요일 오후 5시, 장소는 음악협회 사무실을 사용하라는 것이었다. 하지만 걱정이 끊이질 않았다. 10개 협회가 모여 있는 건물에서 듣기도 싫은 소리가 밖으로 새어나올 텐데, 더구나 연합회 사무처장이라는 사람이 저러고 있다는 것을 알면 모두가 기절초풍할 일이 아니겠는가.

사실 나는 그 전에도 바이올린과 기타를 배우다가 그만둔 일이 있다. 바이올린은 1년 정도 배워서 군산팔마음악회의 회원이 되어 한때는 세컨드 바이올린으로 무대에 서기도 했지만 금방 그만두었고, 기타는 6개월을 배우다 그만둔 경험이 있어서 악기를 배우는 일이 생각처럼 쉽지 않다는 것을 알고 있다.

하는 수 없이 일주일 만에 큰아들에게 전화를 걸었다. 도무지 배울 수가 없을 것 같으니 악기를 반품하자고 했다. 아들은 보관했다가 몇 년 뒤에라도 배우라고 했지만, 배우는 일도 힘들지만 배운다 해도 고생한 만큼 효율성이 없을 것 같았다. 큰맘 먹고 악기를 사준 아들과 며느리에게는 미안한 일이지만 색소폰을 서울로 보냈다. 다행히 악기를 구입한 가게에서 이해를 해줘서 전액을 되돌려 받았다고 했다. 선물을 받고도 고민했던 일주일, 주인을 잘못 만나 애물단지가 되었던 색소폰, 모든 것이 잘 해결되어 앓던 이가 빠진 것처럼 홀가분하고 기분이 좋았다. 선물을 할 때는 받는 사람의 입장에서 몇 번을 더 생각하고, 가능하면 미리 상의하는 것도 좋을 것 같다는 생각을 해봤다. 우리 손자 돌 때는 색소폰보다 더 아름다운 목소리로 축가를 불러주겠다. 고맙다. 아들아 며느리야!

제4장

끝없는 도전

내 인생의 갈림길

내 이름은 둘이다. 어머니도 둘이고 아버지도 둘이었다. 한 분은 나를 낳아주신 분이고, 다른 한 분은 나를 위해 10년 넘도록 공을 들여주신 무당집 부모님들이시다. 나는 6남매 중 장남이고, 나를 낳아주신 아버님 역시 4남 4녀 중에 장남으로 3대째 장손이셨다. 내가 태어나기 전 누나와 형이 있었다 한다. 하지만 모두 두 살 때 죽고 다음 해에 내가 태어났다고 한다. 그래서 나는 집안에서 특별한 아이로 대접을 받았다. 더구나 내 밑으로 연이어 여자 동생 둘이 생기면서 더 귀한 몸이 되었다.

중학교 3학년 때까지 나와 어머니는 매달 한 번씩 무당집에 갔다. 무당집에 가는 날은 쌀과 떡과 양초를 준비했고 어느 때는 특별한 음식을 장만해갈 때도 있었다. 어머니는 언제나 머리를 감으셨고, 나는 목욕을 한 후에 새옷으로 갈아입었다. 무당집 벽에 붙어 있는 사람들의 얼굴은 왜 그리 무서웠던지. 콧수염이 위로 솟아 있고, 한 손엔 단검을 들고, 두 눈을 부릅뜨고 나를 내려다보는 사람들, 남자인지 여자인지, 어떤 나라 사람인지도 모를 이상한 사람들의 그림들이 여러 장 붙어 있었다. 어머니와 나는 무당집 어머니를 따라 무서운 그림들 앞에 음식을 차려놓고 절을 하면서 공을 들였다. 무슨 의미인지도 모른 채 어머님이 시키는 대로 했다. 하지만 철이 들면서 무당집에 가는 것도 그림 앞에 절을 하는 것도 싫었다.

그러던 어느 날, 마을 뒷산에 앉아 있는데 교회 종소리가 들려왔다. 우리 집 바로 뒤에 있는 가나안교회에서 들려오는 소리였다. 그날따라 종소리는 선명했고 힘이 있었다. 눈을 돌려 교회를 바라보는데 갑자기 이상한 느낌이 들었다. 교회 가는 사람들의 모습이 너무 평화로워 보였다. 순간 "나도 교회나 다닐까. 아니지 너는 어릴 적부터 무당의 아들인데 어떻게 예수를 믿을 수 있어?" "아니야. 무당은 미신이야. 더 이상 그런 곳에 갈 필요가 없어." "그럼 내가 교회에 간 것을 아버지가 알면 나는 어떻게 되지?" 이런저런 생각을 하는데도 자꾸만 교회 쪽으로 시선이 갔다. 그리고 나도 모르게 발걸음 가는 곳으로 끌려갔다. 그날부터 나는 교인이 되었고 무당집과의 인연도 끝이 났다. 부모님의 반대는 심했다. 교회에 못 가게 하려고 갖가지 방법을 썼지만 결국 나를 이길 수는 없었다. 그때까지 부모님 명을 한 번도 거스르지 않았던 내가 새로운 세계로 향한 첫 번째 도전이었다.

고등학교 3학년 때, 나는 또 한 번 부모님과 가족들을 놀라게 했다. 대학교 입학원서를 내는데 나는 아버님이 원하는 대학을 싫다하고 신학대학에 들어가겠다고 고집을 피웠던 것이다. 집안이 발칵 뒤집히고 나를 설득하려고 별별 방법이 동원됐다. 담임선생님은 내 뺨을 때리기까지 했다. 그때 나는 전교 학생회장이었고, 가정 형편이 어려웠던 우리 집의 희망이었다. 삼촌은 육군사관학교에 입학하라 했고, 아버님은 사범대학에 들어가 교사가 되거나 상과대학에 들어가 은행이나 큰 기업체에 취직할 것을 바랐다. 정말 고민스러웠다. 삼촌은 내가 만일 신학대학에 들어간다면 가족관계를 끊겠다 했고, 아버지도 차라리 집을 나가라고 했다. 그때 내가 찾아간 곳은 마을 뒷산, 내가 자주 찾던 돌산의 한 바위 틈이었다. 그곳에서 하루 종일 기도를 했다. 내 결심대로 신학대학에 갈 것인가, 아니면 부모님의 뜻을 따라야할 것인가. 인생의 갈림길에서 내가 믿는 신에게 매달릴 수밖에 없었다. 내 꿈은 한신대를 졸업하고 미국 프린스턴대학에서 유학한 다음에 교수가 되거나 유명한 부흥회 목사가 되어 전국을 순회하면서 설교를 하는 것이었다. 그래서 유신 시절, 군사정권에 맞섰던 당시에 한신대 출신의 문익환, 강원용, 안병무, 서남동 목사 등을 좋아했고 존경했었다. 나는 최종적으로 결심을 했다. 그해 겨울, 한국신학대학 신학과에 원서를 내고 합격했다. 하지만 하나님은 나를 받아주지 않았다. 결국 신학공부를 포기하고 부모님의 뜻대로 교사가 되었다. 그 뒤로도 선택의 갈림길은 계속되었고 여러 번 고민 끝에 교직을 버리고 방송국의 PD로 전직을 한 후에 30년 몸담아 오던 KBS에서 정년퇴직을 했다.

누군가가 '인생은 선택의 연속'이라고 했다. 하루에도 몇 번씩 선택의 갈림길에서 망설일 때가 있다. 나 또한 인생의 기로에서 많은 고민을 해야 했고 결국 나 스스로 갈 길을 결정하면서 살아왔다. 중학교에 진학할 때부터, 고등학교와 대학교, 직장과 배우자를 선택할 때도 갈림길에서 고민을 해야 했다. 하지만 무엇을 선택했든 지금은 후회하지 않는다. 비록 잘못된 선택이었더라도 그것은 다시 한 번 나를 되돌아보게 하는 계기가 되었고, 내 삶에 교훈이 되어 아픔이 컸던 만큼 더 성장할 수가 있었다. 인생은 60부터라는데 앞으로 펼쳐질 내 운명에 또 어떤 선택의 갈림길이 있을지? 그저 하늘의 뜻을 믿고 따를 뿐이다.

탁류의 혼을 불러

하루해가 지려면 아직도 2~3시간은 있어야할 무렵에 금강 하구둑에 도착했다. 이곳은 금강과 서해가 만나고, 전라도와 충청도 사람이 만나는 곳으로, 군산시가 개발하여 '백릉공원'이란 이름을 붙였다. 그리고 그 중심에 채만식문학관을 세웠다. 이곳에 문학관을 세운 이유는 소설 ≪탁류≫의 배경이 바로 눈앞에 펼쳐진 금강이고, 금강을 끼고 자리잡은 군산이기 때문이다. 에두르고 휘돌아 강이 다다른 곳 황해 쪽으로 시선을 돌렸다. 소설 속의 금강은 예나 지금이나 탁했다.

"물은 탁하다. 예서부터가 옳게 금강이다.
방향은 서서남으로 빗밋이 충청, 전라 양도의 접경을 골타고 흐른다.

이렇게 에두르고 휘돌아 멀리 흘러온 물이, 마침내 황해 바다에다가 깨어진 꿈이고 무엇이고 탁류 째 얼러 좌르르 쏟아져 버리면서 강은 다하고, 강이 다하는 남쪽 언덕으로 대처 하나가 올라앉는다.

이것이 군산이라는 항구요, 이야기는 예서부터 실마리가 풀린다."

이렇게 시작하는 ≪탁류≫는 1937년 12월부터 7개월간 조선일보에 연재되면서 세상에 알려졌다. 소설은 초봉이라는 여인의 삶을 통해 거칠고 탁한 일제강점기에 민초들이 겪어야 했던 인간사를 탁류로 비유하여 사회현실을 비판한 소설이다.

내가 처음 탁류를 만난 것은 1998년 6월 초였다. 「특별기획 2부작 - 채만식의 탁류, 그 흐름의 근원을 찾아서」라는 특집 방송을 기획하면서였다.

내가 제일 먼저 찾은 곳은 채만식의 생가와 무덤이 있는 군산시 임피면. 생가는, 이곳이 채만식의 생가라는 입간판 하나가 세워져 있었을 뿐 다른 가옥들과 크게 다르지 않았다. 안채로 비집고 들어가니 농촌에서는 보기 드문 한옥에 제법 큰 정원이 있고, 입구 쪽으로 깊은 우물이 그대로 남아 있는 것을 보니 당시로서는 부잣집이었던 것 같았다. 얼마 전까지만 해도 주조장이었지만 지금은 신씨 가족이 살고 있다고 했다. 그곳에서 멀지 않은 곳에 있는 축산리 계남마을. 선생님의 무덤으로 가는 길은 들꽃이 흐드러지게 피어 있고, 솔숲에서는 한가로이 산새들이 울고 있었다. 산지기를 따라 올라간 산등성이, 역시 선생님이 좋아하셨던 이름 모를 들꽃들이 군데군데 피어 있고, 소나무로 아담하게 둘러싸인 양지바른 곳에서 선생님을 만날 수 있었다. "작가 백릉 채만식 선생의 묘". 문득 선생님의 유언이 생각났다. '내가 죽거들랑 보통 상여를 쓰지 말고, 화장을 하되 널 위에 누이고, 그 위에 들꽃을 가득 덮은 후 활활 태워다오.' 그가 남긴 마지막 말 한 마디가 60년 세월 저편에서 되살아나는 듯 다가왔다.

들꽃 한줌 꺾어서 무덤에 올려놓고, 숙연한 마음으로 무덤을 둘러보고 되돌아서려는 순간, 비석 아래 돌멩이 밑으로 보일 듯 말 듯하게 숨겨져 있는 메모지 한 장, 수첩에서 아무렇게나 뜯어낸 종이에 적힌 글이 나의 가슴을 뭉클하게 했다.

'경북 안동에서 선생님 뵙고 싶어 이렇게 달려왔는데, 명복을 빕니다. 선생님! 그만 우세요. 이제 안동으로 돌아갑니다. 5월 21일 김은숙 드림.'

멀리 안동에서 채만식 선생의 문학 혼을 만나러 온 여학생이 남기고 간 글이 빛바랜 채 돌멩이에 눌려 있었다. 그때 나는 '선생님 그만 우세요!' 라는 글귀에서 눈을 돌릴 수가 없었다. 사실 채만식 선생님의 묘비와 무덤은 두 번이나 훼손되고 파헤쳐지는 수난을 겪기도 했다.

선생님을 뵙고 난 다음날 우리는 선생의 아들이 살고 있는 경기도 구리로 갔다. 칠순의 아들 채계열 씨는 사진에서 본 백릉 선생을 닮고 있었다. 건강이 좋지 않았는데도 선친에 대한 이야기를 진솔하게 들려주었다. 문학에 대한 열정과 평생 질병과 싸워야했던 고독했던 아버지였다고, 그리고 남아 있는 유품과 힘들게 살아가고 있는 가족들의 이야기도 들려주었다. 아버지의 유품을 기증해 달라는 사람들이 많다고 하기에, 곧 문학관이 건립될 테니 잘 보관해 달라는 말과 저작권에 대한 이야기를 들려줬더니 놀라는 표정이었다.

아들을 만난 뒤 하나밖에 없는 선생의 딸(영실－현재는 정현스님)을 만나러 안산으로 갔다. 사실 가장 만나고 싶었던 사람은 여승이 된 채만식 선생의 외동딸이었다. 무슨 사연이 있었기에 사찰로 들어갔는지 궁금했었다. 산 밑에 자리잡은 조그만 암자, 세상을 등지고 절로 들어간 딸은 아픔이 많은 여인이었다. 두 번을 찾아갔지만 결국 카메라에 담지 못하고, 단둘이 잠깐 나눈 대화에서 아버지가 돌아가신 뒤 두 번째 가족들이 겪어야했던 힘들었던 지난날의 이야기를 들을 수 있었다.

얼마 후에 따님한테서 전화가 왔다. “PD님, 조카가 공사장에서 머리를 다쳐 병원에 있는데, 돈이 없어 수술을 못하고 있습니다. 방송국에서 도와줄 수 있는 방법이 없을까요?” 참으로 안타까웠다. 나의 힘으로는 딱히 도와줄 수 있는 방법이 없었다. 그래서 이런 사연은 신문기사로 쓰는 것이 더 효과적이라며, 신문사를 안내해 줬다. 그 뒤로 나는 선생님의 며느리와 손자 가족들을 군산으로 초대해 군산지역 문인들과 만남의 자리를 주선해 주었다. 그리고 다음날 월명공원에 세워진 문학비를 둘러보고 도선장에서 객선을 타고 당시 청년 채만식이 온몸으로 느꼈던 그 탁류! 금강의 물줄기를 거슬러 충청남도 장항까지 다녀왔다.

채만식 선생이 가신(1950년 6월 11일) 날을 며칠 앞두고, 취재 속에서 만난 선생님을 문학관에서 다시 만나니 감회가 새로웠다.(당시는 문학관이 없었음) 그의 길지 않은 생애, 가난, 고독, 질병과 싸우면서 참으로 한 많은 세상을 살다간 채만식 선생님. 목숨 줄을 이어주던 약 한 병보다 원고용지 한 권에 더 집착하고 매달렸던 선생님. 운명하실 때까지 사과궤짝 위에서 붓을 놓지 못했던 불꽃처럼 솟아오르는 그의 예술혼은 한 알의 밀알이 되어 지금도 새로운 생명으로 이 땅에 태어나고 있다. 12년 만에 다시 만난 백릉 채만식 선생님! 탁류의 혼을 다시 부르기 위해 멀리 경기도며 서울로 헤맸던 나의 젊은 시절의 열정을 당신은 알고 있나요?

끝나지 않은 비블 4중창

누구나 아름다운 학창 시절이 있다. 특히 꿈과 낭만이 많았던 대학캠퍼스에서의 추억은 두고두고 기억이 난다. 나는 좋은 친구들을 만나 4중창 활동을 한 것이 내 젊은 날의 아름다운 추억으로 남아 있다.

교육대학 1학년이었던 어느 날, 음악실에서 오르간 연습을 하고 있는데, 옆방에서 흑인영가를 부르는 친구들이 있었다. 보통 실력이 아니었다. 누군가 궁금해서 슬그머니 문을 열어보니 전주와 김제에서 온 학생들이었다. 우리는 같은 크리스천이라는 것이 반가워서 자연스럽게 인사를 나눴다. 그 일이 있은 며칠 뒤에 그 친구들이 나를 찾아왔다. 같이 4중창을 하자는 것이었다. 그들은 교회 성가대에서 오랫동안 활동을 한 친구들이었지만 나는 시골에서 더구나 개척교회에 다녔기 때문에 중창이나 합창을 해본 경험이 많지 않았다. 그래서 정중히 거절했지만 결국 반강제적으로 승낙을 할 수밖에 없었다.

그 뒤로 우리는 시간 나는 대로 연습을 했다. 두 친구는 아버지가 장로님이셨고, 음악적인 가정에서 생활한 친구들이라 기본적인 실력이 있었고, 또 다른 친구는 처음부터 우리들의 노래를 지도할 만큼 실력이 뛰어난 친구였다. 가장 미숙하고 힘들었던 사람은 나였다. 경험이 미천한데다 아카펠라(무반주)로 노래하는 것이 쉽지가 않았다. 그래서 세 사람으로부터 집중적인 지도를 받았고, 덕분에 조금씩 좋아져 제법 중창의 맛을 내기 시작했다. 며칠이 지나지 않아 우리는 〈군인의 노래〉를 멋들어지게 부를 수 있었고, 그 뒤로 〈순례자의 노래〉와 〈보리밭〉 〈진주 조개잡이〉 등 다양한 레퍼토리들을 소화할 수 있었다.

우리들이 처음 대중 앞에 선 것은 어느 교회의 장로님 취임식장이었다. 그날, 우리들이 부른 노래는 많은 사람들에게 감동이 되어 박수가 터지고 앙코르곡으로 이어졌다. 생전 처음 노래로 행복을 느끼는 순간이었다. 우리들의 실력은 날로 발전하여 길거리를 걸으면서도 한 사람이 노래를 시작하면 자연스럽게 네 사람의 목소리가 화음으로 이어질 정도였다. 그리고 어엿한 중창단의 이름도 가졌다. 모두가 그리스천이고 주로 성가를 많이 불렀기 때문에 Bible을 비블로 읽어서 '비블

4중창단'이라 했다. 그 뒤로 조선대학교에서 있었던 전국대학생콩쿠르 호남지역 예선에서 1등을 하고, 대표로 서울시민회관(세종문화회관)에서 있었던 전국대회에 참가해서 입상을 했다. 2학년 때는 합숙을 하고 일주일간 제주도로 MT를 다녀오기도 했다. 또한 매주 일요일 군산비행장 내 미군교회에서 콰이어(Choir) 멤버로 활동하면서 학비도 벌었다. 가장 기억에 남는 것은 지인의 안내로 강원도 원주에 가서 학교와 교회, 가톨릭병원에서 위문공연을 한 일이다.

우리들의 꿈은 콘서트를 갖는 것이었지만 2학년이 되면서 현장실습이 많아져 끝내 뜻을 이루지 못하고 졸업을 맞게 되었다. 이대로 헤어진다는 것이 못내 아쉬웠다. 그래서 일선교사로 발령이 나더라도 계속해서 노래를 부르자며 모두가 진안군으로 희망서를 냈다. 하지만 나와 한 친구는 진안으로 발령이 났지만 다른 둘은 장수와 순창으로 발령이 나고 말았다. 그 뒤로 몇 번 더 만나서 노래를 했지만 자주 만난다는 것이 말처럼 쉽지가 않았다. 우리들의 마지막 콘서트는 한 친구가 목사로 취임하는 날이었다. 중학교 음악선생을 하던 친구가 신학교를 다니더니 어느 날 갑자기 부안군 계화면에 있는 한 교회에서 목사취임식을 갖는다는 것이었다. 그날 우리가 부른 축가는 옛날에 많이 부르던 〈순례자의 노래〉와 〈이 세상의 집은 내 집이 아니오〉였다. 주인공으로 단상에 앉아 있던 목사친구도 아래로 내려와 같이 노래를 불렀다. 마지막으로 부른 4중창이었다. 참으로 잊지 못할 의미 있는 날이었다.

학창 시절 나에게 노래로 행복을 주었던 그 친구들, 끝내 소망하던 콘서트를 못하고 헤어졌지만, 지금 목사친구는 전주 모 교회에서 목회를 하고, 한 친구는 임실에서 중학교 교장으로 근무하고 있다. 다른 친구는 일찍이 교직을 떠나 BYC 본사에서 기획실장과 관리이사직을 맡았고, 나는 KBS에서 30년을 근무하다 정년퇴임하여 지금은 전북예총 사무처장으로 일하고 있다.

좋은 친구가 있어 행복했던 캠퍼스, 노래가 있어 더 즐거웠던 학창 시절, 그러나 우리들의 노래는 아직도 끝나지 않았다. 비록 떨어져 있지만 각자의 자리에서 충분한 목소리로 세상을 아름다운 화음으로 수놓고 있기 때문이다. 음계가 있어야만 화음이던가. 우리 삶 자체가 음악의 화음처럼 서로 어우러져 살맛나는 세상을 만드는 것이 아니겠는가. 언젠가는 그때 부른 노래들을 다시 부를 날이 꼭 오리라 믿는다. 아마도 우리들의 칠순 잔칫날이 되지 않을까? 하는 생각이 든다.

젊은 날의 애향심

내 고향은 군산이다. 군산에서 태어나 군산에서 자랐고, 초등학교와 중학교, 고등학교는 물론이고, 대학과 대학원도 군산에서 다녔다. 부모님의 산소도 군산에 있고, 형제와 친척들도 대부분 군산에서 살고 있다. 또한 30년 직장생활 중 절반을 군산에서 보냈다. 불행히도 내가 다니던 KBS군산방송국이 폐쇄됐지만 그대로 남아 있었다면 나는 더 오래도록 군산에서 근무하고 아마 그곳에서 정년을 맞았을 것이다. 그래서 직장에서 나는 '군산사람'으로 통했다. 서울에 올라가면 군산사람 왔느냐고 인사하는 사람이 많았고, 군산 쪽에 방송할 일이 있으면 언제나 나를 먼저 찾았다. 하지만 내가 군산사람이라는 것을 자신 있게 말할 수 있는 것은 따로 있다. 누구나 가지고 있는 애향심 때문이다.

솔직히 나는 군산의 발전을 누구보다도 간절히 바랐던 사람이다. 전에만 해도 군산은 흔히 듣는 '물 맑고 공기 좋고, 갈 곳 많고 먹을 것 많은 인심 좋은 곳'이라고 자신 있게 말할 수가 없었다. 항구도시지만 바닷물은 탁하고, 여기저기 아무렇게나 내버려진 어구들이 바닷가에 즐비하게 방치돼 있었다. 다른 항구도시에서처럼 바닷길 따라 멋지게 드라이브할 수 있는 해변로 하나 없었다. 항구는 하루하루를 힘들게 살아가는 사람들의 생활터전이었을 뿐이다. 새만금사업이나 고군산해양관광지개발은 언제 실현될 지 요원했던 때였다. 그래도 나는 군산에 대한 애정이 커서 군산을 위한 일이라면 뭐든지 하고 싶었다.

TV에서 〈6시 내 고향〉을 제작할 때도 군산에 도움이 되는 아이템을 우선적으로 찾아서 소개했다. 변산에서 실시해오던 임해공개방송도 군산에서 하고 싶어, 결국 금강하구둑 광장에서 '한여름 밤 금강콘서트'로 이름을 바꿔 시작했다. 행사는 대 성공이었고, 그것이 계기가 되어 13년이 지난 지금도 금강콘서트는 계속되고 있다.

군산고의 농구를 지원하기 위해 군산농구협회와 공동으로 몇 년간 '꿈나무 어린이 농구대회'를 개최하여 우수선수를 발굴했고, 지난해까지 10년 넘도록 실시해왔던 'KBS 열린 주부마당'도 내가 처음 시작한 사업이었다. 이 밖에도 군산 JC와 공동으로 추진한 '고군산사진촬영대회', 월명서화회와 같이한 '금강권 학생서화전', 장애인들과 감동의 눈물을 흘렸던 '장애인돕기 엄정행 교수 초청 가곡의 밤' 등 돌이켜보면 애향심 하나로 시작한 일들이 대부분이었다.

이런 사업들은 내가 근무했던 직장과 관련된 일이었지만 지금 생각해도 마음 아픈 것이 있다. 1998년쯤 군산시가 주최한 '군산발전을 위한 세미나'에서 나는 지정발표자가 되어 평소에 생각하고 있던, 군산을 대표할 수 있는 축제 두 가지를 강력히 요구했었다. 하나는 '불꽃축제'이고 다른 하나는 '뜬다리축제'였다. 의외의 제안에 모두가 놀라는 표정이었다. 당시만 해도 우리나라가 온통 축제의 도가니에 빠져 있었지만, 군산은 이렇다 할 대표성을 가진 축제가 없었던 때였다. 불꽃축제는 어느 지역에서도 생각하지 못했던 일이었다. 군산에 불꽃축제가 필요한 이유는 군산은 최무선 장군이 처음 화약을 만들어 군산 앞바다에서 왜군을 무찌른 역사의 땅이고, 군산 해망동 앞바다에 있는 62만 평 인공섬은 불꽃축제를 하기에 최적지였다. 또한 군산항에는 우리나라에서는 유일하게 뜬다리 몇 개가 남아 있는 특이한 곳이기 때문에 그곳에서 '뜬다리축제'를 개최하자는 것이 내 주장이었다. 그 뒤로 여러 차례 군산시에 추진 방향을 이야기했지만 환경오염이 어떻고, 해양부의 허락을 받아야 하고, 충남 장항 쪽에서 좋아하지 않는다는 등 유야무야 꼬리를 내리고 말았다.

지금 서울 한강과 관광객 100만 명이 모여든다는 부산 광안리해수욕장의 불꽃축제를 보면 가슴을 치고 싶은 심정이다. 부산 불꽃축제가 올해로 6회째다. 10년 전 그때, 군산에서 불꽃축제를 시작했더라면 얼마나 좋았을까? 하는 생각을 하면 당시 적극적이지 못했던 공무원들이 원망스럽다. 축제는 단발성이 아닌 역사와 문화가 바탕이 되었을 때 빛이 나고 생명력이 있는데, 지금도 내 고향 군산에는 대표할 만한 축제가 없는 것이 못내 아쉽다.

요즘 지방선거를 앞두고 입지적인 인물들의 얼굴이 연일 신문에 오른다. 그런데 나의 눈은 군산지역 출마자들의 프로필에만 시선이 쏠린다. 몸은 전주에 있지만 마음은 아직도 군산에 있는가 보다. 아니 군산 구석구석을 쫓아다니며 온몸으로 고향을 사랑했던 젊은 날의 애향심이 마음 구석에 남아서 애를 끓은 것 같다.

나는 아직도 군산에 대한 꿈을 꾸고 있다. 가장 바라는 것은 군산에 FM방송국과 문화재단이 설립되는 일이다. 그래서 공청회에도 참여했고, 이미 FM방송을 하고 있는 다른 도시도 찾아가 보았다. 문화재단에 대해서는 몇 년 전에 군산시 관계자를 만나, 그 필요성을 설명하고 장소도 폐가로 남아 있는 옛 조선은행 자리가 좋겠다는 의견까지 나눈 적이 있었다. 그러나 아직도 현안밖에 있는 것 같다. 그러는 사이에 익산에서는 지난해 도내에서는 전주에 이어 두 번째로 문화재단을 설

립했다. 군산의 자존심이었던 서해방송과 KBS군산방송국의 영광을 되찾고, 군산을 문화예술이 숨쉬는 도시로 발전시킬 문화재단을 설립하는 일이라면 언제든지 나의 작은 힘을 보태고 싶다. 그것이 나의 꿈이고 마지막 애향심이다.

병아리 교사의 도전

1972년 3월 1일. 교육대학을 졸업하고 처음 부임한 곳은 진안군 용담초등학교였다. 전라북도와 충청남도의 접경지역, 진안에서 버스를 타고 1시간을 더 들어가야 했다. 설렘과 기대로 얼마나 고대했던 학교였던가! 내가 맡은 학급은 5학년 2반, 하루 종일 웃고 뛰고 소리치고 장난을 쳐도 지칠 줄 모르는 힘 있는 아이들이었다. 티 없이 맑고 순박한 얼굴에서 나는 밝고 아름다운 희망을 발견했다.

그곳에서 내가 처음 시작한 일은 리듬악기를 가르치는 일이었다. 음악을 전공했다는 말을 듣고 교육청에서 50인조 리듬악기를 보내줬다. 사실 나는 전주에서 가까운 부귀면 봉암초등학교로 발령이 났는데, 큰 학교에 근무하면서 음악을 가르쳐 달라는 학무과장의 부탁으로 용담초등학교에서 파견근무를 하게 되었다. 곧바로 리듬밴드부를 만들고 방과 후 늦은 시간까지 악기를 가르쳤다. 23세 젊은 청년이, 낯선 곳에서의 생활은 학생들을 가르치는 일 외에는 할 일이 없었다. 덕분에 학생들의 실력은 하루가 다르게 성장하고, 한 달도 못 돼 왈츠는 물론이고 빠른 템포의 행진곡도 연주할 수 있게 되었다. 선생님들도 퍼레이드를 하면서 연주하는 모습을 보고 모두 놀랬다.

나는 교장선생님께 "어린이날에 5, 6학년 학생들과 캠프파이어를 하고 싶다."는 제안을 했다. 구체적인 프로그램도 설명했다. 내 계획을 듣고 대견했던지 교장선생님과 선생님들이 모두 찬성해 줬다. 준비는 무용선생님과 내가 맡기로 했다. 그리고 다음날부터 5, 6학년 학생 200여 명에게 포크댄스를 가르쳤다. 가장 힘들었던 것은 남학생과 여학생이 손을 잡지 않으려는 것이었다. 설득도 하고, 기합도 주면서 겨우 손을 잡게 하면 선생님의 눈을 피해 다시 놓는 아이들이 많았다. 사실 부끄러워서 제대로 말도 못 붙이는 아이들에게 손을 잡고 춤을 추게 하는 것은 혁명과 같은 일이었다. 결국은 담임선생님들까지 동원돼서야 겨우 목적을 달성할 수 있었다.

5월 5일 늦은 오후, 아이들이 운동장으로 모였다. 호기심을 가진 중학생들도, 가족 단위의 학부형들도 많이 찾아왔다. 처음 순서는 리듬밴드부 학생들의 퍼레이드. 단복을 멋지게 입은 학생들이 악기를 연주하면서 펼치는 퍼레이드는 산골마을 사람들을 놀라게 하기에 충분했다. 다음은 5, 6학년 학생들의 포크댄스, 리듬밴드의 연주에 맞춰 왈츠도 추고 폴카도 추고, 춤을 추는 어린이들의 표정이 진지했다. 이성과 손을 잡는 것도 처음이지만 어울려 춤을 추는 일은 일생을 두고 잊지 못할 추억이었을 것이다. 밤이 어두워지자 캠프파이어가 시작됐다. 포플러나무에서 줄을 타고 내려온 횃불이 집덩이만 한 장작더미에 불을 붙이고, 교장선생님이 '어린이세상'이라는 글자에 불을 붙일 때는 모두가 환호하며 함성을 질렀다. 산골마을에서의 어린이날 행사는 이렇게 끝이 났다. 햇병아리 교사가 생각한 축제는 성공이었고 참으로 의미가 있었다.

그해 여름, 나는 또 한 번 교장선생님을 당혹하게 했다. 5학년 학생들을 데리고 2박 3일 동안 야영생활을 하겠다는 것이었다. 장소는 학교에서 불과 5Km쯤 떨어진 냇가. 교장선생님의 허락을 얻기까지는 오랜 시간이 걸렸다. 학생들의 안전문제가 걱정이고, 이곳 학생들은 매일매일 냇가에서 사는데 야영생활이 무슨 의미가 있겠느냐는 것이었다. 그래도 학생들에게는 단체생활의 경험이 꼭 필요하다고 설득해서 겨우 1박 2일로 승낙을 받았다. 야영생활의 프로그램은 내가 맡았고, 텐트와 먹을 것, 기타 준비물은 옆 반 선생님이 맡기로 했다. 교육의 효과는 준비하는 데서부터 시작되는 것. 준비물을 챙기고, 장기자랑을 준비하고, 팀별로 아이디어를 짜내면서 준비를 했다. 그리고 짧은 시간이었지만 학생들과 나는 또 한 번 영원히 잊지 못할 추억을 남기고 돌아왔다.

순수했기에 행복했던 시절, 하지만 나의 첫 부임지에서의 생활은 일 년을 채우지 못했다. 그해 가을, 교육청의 사정으로 원래 발령을 받았던 봉암초등학교로 되돌아가야 했다. 정든 학생들과의 이별, 못다 핀 꽃이 짓밟히는 기분이었다. 용담을 떠나는 날은 내 마음처럼 비가 내리고 있었다. 버스가 떠날 때까지 아쉬움으로 손을 흔들어 주던 학부형들과 울며 매달리던 학생들을 뒤로하고 용담을 떠났다. 잠깐이었지만 내 순수했던 열정을 펼쳐 보일 수 있었던 그곳, 지금도 눈감으면 떠오르는 용담. 수몰지역이 되었다는 말은 들었지만 그래도 혹시나 하는 기대로 아내와 함께 찾아가 봤다. 학교와 하숙집 터, 야영을 했던 곳들은 모두 물속에 잠겨 흔적도 찾을 길이 없었다. 혹시나 아는 사람이 있을까 해서 이주민이 산다는 곳을 찾아갔지만 내 이름을 아는 사람은 아무도 없었다.

젊은 시절 순수한 열정과 패기가 아직 내 가슴속에서 꿈틀거리고 있는데, 내 추억의 아이들과 학교는 물속에 잠긴 채, 오늘도 그리운 이들이 다시 돌아오기를 기다리며 푸른 강물만 출렁이고 있었다.

별난 체험

20년쯤 전의 일이다. 군산시 장애인협회 회장이 방송국으로 찾아왔다. 본인이 성악가 엄정행 씨와 고등학교 같은 반 친구였는데, 회장이 되었다는 소식을 듣고 장애인들을 도울 수 있는 일이 있다면 언제든지 연락해 달랬다며, 사업 하나만 추진해 달라는 것이다.

엄정행 씨라면 당시에 우리나라를 대표하는 테너로 개인독창회가 있을 때는 웬만한 공연장은 표를 사지 못할 정도로 인기가 많았다. 부드러우면서도 힘이 있는 목소리로 〈목련화〉와 〈가고파〉 〈청산에 살리라〉 등을 부를 때 그의 맑고 청아한 미성美聲은 향수까지 더해져 뭇 여성들의 심금을 울린 성악가였다.

엄정행 씨가 군산에 내려올 수 있다는 말을 듣는 순간 바로 이거다! 싶어 즉석에서 '장애인돕기 엄정행 교수 초청 가곡의 밤'을 갖자고 제안했다. 그리고 사업은 계획대로 잘 추진되었다. 현수막을 걸고 팸플릿을 만들고, 초대장을 들고 찾아가는 곳마다 성금을 후하게 내주었다. 행사는 성공적이었다. 군산 시민문화회관이 비좁을 정도로 시민들의 호응은 폭발적이었고, 수익금도 예상했던 것보다 훨씬 많았다.

행사가 끝난 며칠 뒤 장애인협회장으로부터 전화가 왔다. 몇몇 임원들과 함께 저녁식사를 같이하자는 것이었다. 나는 비싼 돈을 주고 식사하느니 차라리 우리 집에서 가볍게 술 한 잔씩 하자고 했다. 그리고 아내에게 부탁하여 약간의 음식을 준비하도록 했다. 저녁 무렵 회장 일행이 도착했다. 그런데 이게 어찌된 일인가! 그때 나는 장애인에 대한 기본적인 상식이 없었다. 난감한 일은 집에 도착하면서부터 시작되었다. 우리 집은 엘리베이터가 없는 3층짜리 맨션이었던 것이다. 더구나 두 사람은 휠체어를 타고 있었다. 다른 한 사람은 목발을 짚고 있었고, 회장님은 나이도 있지만 한쪽이 의수義手였다. 나는 오시는 분들이 휠체어를 타고 온다는 것을 미처 생각하지 못했었다. 그분들을 옮기는 일은 나의 몫. 한 사람씩 업고 계단을 올라야 했다. 뿐만 아니라 화장실을 갈 때도 내가 부추기고 가야 했다. 정말 낯선 체험이었다. 가끔 TV화면에서 자원봉사자들이 장애인들과 함께 등산하는 것은 보았지만, 내가 이런 체험을 한다는 것은 생각지도 못했었다. 우리들은 늦은 시간까지 정량 이상의 술을 마셨고 많은 이야기를 나눴다. 노래도 불렀다. '장애인돕기 엄정행 교수 초청 가곡의 밤' 행사는 내년에도 계속돼야 한다며 파이팅도 외쳤다.

그런데 더 큰 문제는 내려올 때였다. 술이 취해서 도무지 업고 내려올 수가 없었다. 난감해하는 나를 보고 앉은 채로 내려오려는 분도 있었다. 그래도 내가 누군가! 술 먹고 넘어지거나 중심을 잃어본 적이 없는 백씨 가문의 참 술꾼이 아닌가. 미안해하는 그분들에게 걱정하지 말라며 자신 있게 업었다. 술 먹은 사람이 더 무거운 이유는 무엇인지, 혈압이 오르고 다리가 후들거려 금방이라도 넘어질 것만 같았다. 너무나 긴장한 나머지 먹은 술이 다 깨는 듯싶었다. 다행히 중학생인 아들이 부추기고, 아내가 도와줘서 무사히 임무를 마칠 수 있었다. 나도 고생이었지만 아내는 더 힘들었다고 했다. 내가 장애인에 대한 기본적인 상식이 부족했던 탓이라며 아내에게 미안하다고 했다. 이분들이 음식점에서 만나자고 했을 때 나갔어야 했는데, 고집스레 집으로 초청한 것이 오히려 이분들까지 힘들게 한 꼴이 되었다. 하지만 편한 것보다 더 값진 체험으로 그분들과 나 사이에는 말하지 않아도 느낄 수 있는 깊은 정을 교감할 수 있었다. 업으면서 체온을 느꼈고 서로의 입장을 이해하면서 따뜻한 시선을 나눌 수 있었다. 무엇보다 장애인을 위한 시설이 더 필요하고, 일자리가 없어 힘들게 살아가는 장애인들을 위해 하루 빨리 일자리가 만들어져야겠다는 생각도 갖게 됐다. 참으로 의미 있는 자리였다. 그 뒤로 난 장애우를 보면 남 같지 않다는 생각이 든다. 항상 건강한 사람의 입장으로만 생각했던 지난날의 내 이기적인 생각이 크게 잘못이었다는 것도 깨달았다. 마음이 더 없이 따뜻한 그들과의 만남은 내 인생에 큰 교훈이 되었다.

남자의 자격

요즘 KBS 2TV에서 방송하는 '남자의 자격'이라는 프로그램이 인기를 끌고 있다.

남자라면 죽기 전에 꼭 해봐야할 101가지 일들을 정해놓고 7명의 연기자들이 직접 체험하거나 도전해 보는 프로그램이다. 그 중에는 음식을 만드는 일과 아기보기, 담배끊기, 자격증따기, 그리고 지리산 종주와 마라톤 도전, 전투기 타보기 등 결코 쉽지 않은 것들이 많다. 이 프로그램을 본 남자라면 누구나 "나라면 할 수 있을까?"라고 한 번쯤은 생각해 봤을 것이다.

나만의 생각인지는 모르지만 뭇 남자들에게 "당신은 남자의 자격이 있습니까?"라고 묻는다면 "예."라고 자신 있게 대답할 사람은 그리 많지 않을 것이다. 특히 결혼한 가장이라면 더 자신이 없을 것이다. 남자들에게 가장 무거운 멍에는 뭐니 뭐니해도 경제적인 문제. IMF 이후에 수많은 남자들이 직장을 잃고 거리로 내몰리는 일이 많았다. 요즘 같은 영하의 날씨에도 새벽 인력공사에 가보면 수많은 남자들이 줄을 서서 일자리를 구하고 있다. 서울 지하철에서 노숙하는 사람들은 대부분 남자들이다. 놀라운 것은 최근 10년 사이에 가장들의 자살률이 5배로 증가했다는 것이다.

지금은 저 세상 사람이 되었지만 선배 한 분은 직장에서 실직을 당하고, 차마 그 사실을 가족들에게 말할 수 없어 매일 아침 아내가 싸주는 도시락을 들고 도서관이나 공원으로 출근했다고 한다. 혹시나 가족이 눈치챌까 봐, 아는 사람을 만날까 봐 모자를 깊이 눌러쓰고, 마치 죄지은 사람처럼 숨어살면서 눈물어린 도시락을 먹어야 했던 지난날을 결코 잊을 수가 없다고 했다.

나는 이번 설 연휴에 가족들과 함께 지내면서 남자의 자격에 대해 다시 한 번 생각해 봤다. 2남 1녀의 아버지로서, 37년을 함께 살아온 한 여자의 남편으로서, 그리고 손자 둘을 둔 한 집안의 가장으로서 나의 존재와 내가 해야 할 도리를 다하고 있는지 곰곰이 생각해 봤다. 당장 명절을 앞두고 마땅히 내가 할 일은 많지 않았다. 시장에 가서 생선 사오고 아들 가족들 마중가고, 그리고 집안 청소할 때 좀 도와주고, 아들들과 술 먹고 윷놀이하고, 그렇게 3박 4일 동안 놀아준 게 전부였다. 다행히, 아직은 나의 존재가 필요하다는 것을 새삼 알게 되었고, 가장으로서 더 열심히 살아야겠다는 생각도 해봤다.

그러나 나를 혼란스럽게 한 것은 또 다른 가정의 큰아들로서 '장남의 자격'은 다하고 있는지 고민스러웠다. 나는 장남이지만 멀리서 직장생활을 한다는 핑계로 부모님을 모시지 못했다. 그런 관계로 부모님과 함께 살았던 동생이 자청해서 집안제사를 맡아하고 있다. 이번 설 때의 일이다. 나는 결혼한 두 아들 가족이 모이다 보니 동생네 집에서 명절제사를 지내지 못했다. 동생들이 이해는 한다고는 했지만 저 세상에 계시는 부모님과 조상님들께서는 어떻게 생각할지 참 고민스러웠다. 설날 아침에 서둘러 군산으로 출발했다. 언제나처럼 동생들과 같이 성묘하기 위해서였다. 그런데 이번에는 동생이 마침 일요일이라 교회에 가야 한다며 성묘는 오후에 가겠다는 것이었다. 생전에 아버님께서 우리들을 데리고 성묘하러 갈 때는 아침 식사도 안하고 갔었다. "새해 첫날인데 어찌 우리가 먼저 밥을 먹을 수 있느냐? 조상님께 먼저 대접하고 난 다음에 우리가 먹어야 한다."며 아침 식사도 안하고 성묘하러 갔는데, 교회에 갔다 와서 오후에 가자는 동생의 말이 조금은 서운했다. 이런 때에 네 형제의 장남이셨던 아버님 같았으면 어떻게 했을까. 지금 네 형제의 장남인 나는 어떻게 해야 할 것인가. "교회는 꼭 가야 하니? 한 번쯤 빠지면 안 되겠니?"라는 말이 목까지 나왔지만 제사도 지내러 가지 않은 장남이 무슨 할 말이 있겠는가. 그래서 "그래. 오후에 꼭 다녀와라." 라고 말하고 전화를 끊었다. 부모님이 일찍 돌아가신 뒤, 장남인 나는 4남 2녀의 가족을 이끌어야 했다. 동생들의 취업문제와 혼사문제, 이 밖에 크고 작은 일들이 있을 때마다 고민을 해야 했고, 최종적으로는 나의 결정을 따라주었던 동생들이다. 그래도 내 밑에 여동생들은 언제나 나를 다그쳤다. 오빠는 장남이니까 우리 집안을 책임져야 한다. 선산先山을 관리하는 일도 오빠 책임이고, 네 형제와 동서들이 화합하면서 잘 지내게 하는 일도 오빠 책임이라는 것이다. 그럴 때마다 나를 힘들게 한 것은 장남이라는 멍에였다. 참으로 쉽지 않은 위치가 장남이었다. 자격은 '일정한 신분이나 지위를 가지거나 일정한 일을 하는 데 필요한 조건이나 능력'이라고 했다. 나는 진정 자격이 있는 사람일까. '남자의 자격, '장남의 자격'이 있는 사람인지 새삼 물어보고 싶다.

하필이면

2008년 7월 14일, 나는 전북예총이라는 좀 낯선 일터로 출근을 했다. 사무실은 한국소리문화의전당 국제회의장 4층.

사실 그곳에 가기 전에 나는 진로를 놓고 깊은 고민에 빠졌었다. 퇴임을 하고 두 군데 대학에 출강하면서 'Bong기획'이라는 이벤트기획사를 설립하려고 준비하고 있었다. 그런데 하필이면 그때, 서울에 있는 한 연예기획사로부터 기획실장 자리를 마련해 놨다며 올라오라는 연락을 받았다. 소속된 가수는 네 명. 모두 잘 아는 가수들이고, 가수들도 나를 무척 좋아하는 편이었다. 두 갈래 갈림길에서 고민할 수밖에 없었다. 전주에 남아 강의하면서 작은아들과 함께 기획사를 설립할 것인가. 아니면 서울로 올라가 방송국에서 얻은 경험으로 전문성을 키울 것인가. 당시 아들은 이벤트사에서 일하면서 예술대학원에 다니고 있었다. 전주에 남아서 일할 경우는 가정을 돌보면서 아들의 길을 열어주는 데 도움이 될 터지만 이벤트기획이라는 사업의 성공에 확신이 없었다. 그렇다고 서울로 올라가면 적지 않은 나이에 나 홀로 생활해야 하고, 연예계 풍토를 잘 아는 나로서는 그 속에 적응하는 것이 말처럼 쉽지가 않을 것 같았다. 그러나 기획사에서 제의한 조건이 너무 좋아 사실 학기 강의를 마치면 서울로 올라갈 작정이었다.

그런데 학기가 끝날 무렵, 실업급여를 받으러간 곳에서 전북예총 회장을 만났다. 회장과 나는 몇 년간 KBS시청자위원회에서 만나 친분이 있는 사이였다. 서로의 근황을 묻는 중에 함께 일하자는 제의를 받았다. 전북예총 사무처장 자리였다. 갈림길에서 고민하던 나에게 결정적인 우군을 만난 셈이다. 결국 서울행을 포기하고 전주에 남기로 했다. 회장과의 만남이 내 인생의 한 획을 긋는 운명이 되었고, 지금도 '하필이면'이라는 말이 나올 때는 회장님과의 만남을 생각한다.

'하필이면'은 어떤 일을 하던 중에 피할 수 없는 또 다른 일과 만나는 우연의 일치를 말한다. 필연이라고 할까. 어찌하여 이런 일이라고 할까. 사전에는 '다른 방도도 있는데 어찌하여 꼭 그렇게'라고 씌어 있다. 가수 최진희 씨가 부른 노래 중에 〈하필이면〉이라는 노래가 있다.

♬떨어진 꽃잎위에 바람이 불고 쏟아지는 빗소리에 밤은 깊은데 하필이면 이런 날 길 떠난 사람~~♬

하필이면 떨어진 꽃잎 위에 바람이 불고, 하필이면 비 쏟아지는 밤에 길 떠나느냐는 내용인 듯하다. 우리는 가끔 '하필이면'이라는 상황에 부딪칠 때가 있다.

지난 연말 글공부를 하는 사람들의 송년모임이 있었다. 자신이 쓴 글을 낭송한 다음, 각자가 준비한 물건을 추첨해서 누군가에게 선물로 주는 순서였다. 앞에 놓여 있는 물건 중에는 여성을 위한 것도 있고, 남성들에게 필요한 것도 있었다. 내게 꼭 필요한 물건이 올 수도 있고, 필요하지 않은 것이 뽑힐 수도 있었다. 그래서인지 추첨 때마다 희비가 엇갈리는 듯했다.

생각해보니 '하필이면'은 동전의 양면처럼 이중적인 의미를 가진 성싶다. 머피의 법칙처럼 뒤로 넘어졌는데 코가 깨진다거나 골라서 줄을 섰는데도 내가 있는 줄이 가장 느리고, 두고두고 벼르다가 스마트폰을 샀더니 바로 다음날부터 세일에 들어가는 경우도 있다. 그런가 하면 샐리의 법칙처럼 주룩주룩 내리던 비가 행사를 시작하려니까 뚝 그친다거나, 가던 날이 장날이어서 뜻밖에 귀한 물건을 살 수 있었다거나, 수천만 명의 사람 중에 부자 부모님을 만나 호강하고 사는 사람도 있다.

'하필이면'은 운명에 가까운 말이지만 생각하기에 따라 달리 받아들일 수 있다. 내가 가진 술잔이 반 잔이나 남았다고 생각하는 사람이 있는가 하면 반 잔밖에 남지 않았다고 생각하는 사람도 있다.

그렇다면 나는 '하필이면'이라는 말을 어떻게 받아들이면서 살았는가. 하필이면 한국에서, 그것도 가난한 집 농부의 아들로 태어나 고등학교 때부터 아르바이트를 하면서 공부를 해야 했던 지난날, 한때지만 참으로 훌륭했던 부모님을 원망의 대상으로 생각했던 때도 있었다. 그것을 순전히 운명적인 불공평으로 생각하며 사회에 반감을 가졌던 때도 있었다. 지금 생각하니 참으로 부끄럽다.

그래서 이제부터는 '하필이면'을 삶의 긍정적인 지표로 삼으려 한다. 잘난 사람만 바라보고 산 삶에서 나보다 더 어려운 사람들을 보면서 살고 싶다. 하필이면 이 차를 타게 해줘서 고맙고, 하필이면 이 직장에서 이 사람들과 같이 일하게 돼서 고맙다는 마음으로 근무하겠다. 실업자 많은 세상에 괜찮은 직장에서 근무했고, 퇴임한 후에도 일할 수 있는 자리가 있는 것도 자랑이 아닌가. 하필이면 당신을 만나 아들딸 잘 키우고 예쁜 손자까지 보면서 사는 나는 행복한 사람이고, 하필이면 그때 작은집에 갔다가 당신을 만나서, 눈에 콩깍지가 끼어 결혼했지만, 지금 남부럽지 않게 잘 살고 있는 것도 감사할 일이 아닌가! 강의하러 갔다가 되레 글공부를 하게 된 것이나 여러 예술장르 중에 하필이면 문학, 그 중에서도 수필을 쓰게 됐는지. 그것도 먼 훗날 나에게 어떤 결과를 가져다줄지 긍정적인 자세로 기대해 본다.

신神은 어디로

나는 중학교 때 처음 교회에 나갔다. 그리고 미션스쿨 고등학교에 진학했고, 신학대학까지 들어갔던 사람이다. 교회 성가대에서 찬양도 했고, 주일학교에서 아이들도 가르쳤다. 하지만 지금은 교인이 아니다. 그렇다고 신이 없다거나 사후死後의 세계를 부정하지는 않는다. 또한 신이 존재한다거나 죽음 뒤의 세계가 있다고 믿지도 않는다. 믿음은 단지 바라는 것들의 실상이요, 보이지 않는 것들의 증거이기 때문이다. 있다고 믿으면 존재하고, 그렇지 안다고 생각하면 신은 자신의 마음속에 존재하지 않을 것이다. 그래서 사람들은 놀랄 만한 큰 사건이 생기면 "신은 무엇을 하는지 모르겠다. 신은 어디로 갔느냐?"며 신의 역할과 존재를 찾는다.

대학교 1학년 때 학보사에 있는 친구의 부탁으로 대학신문에 글을 올리게 되었다.

내가 게재했던 내용은 신의 존재에 대한 몇몇 철학자들의 개인적인 견해를 요약한 것이었다. 신학대학에 가려고 읽었던 종교서적과 무신론 실존철학자들의 책을 읽고 그것들을 정리한 글이었다. 그때 나는 '우리 사회에 진리와 정의는 있는가?' 라는 질문으로부터 시작했다. 만일 이 땅에 신이 있어 신의 섭리가 있다면 왜? 진리와 정의가 불의와 거짓에 짓밟히고, 부정한 사람들과 힘 있는 사람들이 세상을 지배하며, 복을 받아야할 착한 민초들은 왜 힘들게 살아야 하느냐는 전제를 깔았다. 이런 질문을 해놓고 철학자 니체의 사상을 끌어들였다. '신은 죽었다. 따라서 진리는 없다. 오직 속박이 아닌 자유의 몸을 가진 초인超人만이 우리를 구원할 뿐이다.'는 주장을 그의 저서 ≪자라투스트라는 이렇게 말했다≫에서 인용했다. 또한 '인생은 허무이며 꿈이다!'라고 역설力說한 염세철학자 쇼펜하우어와 '삶을 주관하는 것은 신이 아니라 오직 자신이다!'고 말한 실존주의 철학자 사르트르의 주장도 소개했다.

또한 현대 종교학자들의 번민과 내세관도 요약했다. 특히 종교계에 큰 파장을 일으켰던 존 로빈슨 목사의 고백, "신이란 형이상학적인 존재로서 현세를 살아가는 우리와는 멀리 동떨어져있는 존재이다."라고 주장한 ≪신에게 솔직히 Honest to god≫와 폴 틸리히의 ≪흔들리는 터전≫ 블레이크의 ≪천국과 지옥의 결혼≫ 등 피안의 세계와 신의 존재를 부정하는 몇몇 학자들의 이론적 근거도 소개했다. 단지 철학자나 종교 학자들이 내세운 이론을 정리했을 뿐이었다.

신문을 받아보고 나는 당황했다. 나는 〈신神이해理解〉라는 제목으로 글을 썼는데, 신문에 실린 글의 제목은 '신은 어디로' 였다. 주간 교수가 제목을 바꿨다는 것이었다. 결론적으로 내가 신의 존재를 부정하는 사람으로 비쳐지고 말았다. 학보사 친구에게 항의했지만 어쩔 수 없었다. 내가 가장 미안해했던 사람은 나와 함께 활동하고 있는 비블 4중창단 친구들이었다. 세 사람은 모두 독실한 크리스천들이었고, 나와 함께 주로 성가를 많이 부르던 친구들이었기 때문이다.

신을 어떻게 이해할 것인가를 학문적으로 규명하기는 어렵다. 그래서 신의 존재에 대한 갑론을박은 예나 지금이나 앞으로도 계속될 것이다. 마틴 루터 킹 목사 같은 분도 있을 것이고, 존 로빈슨 같은 목회자도 있을 것이다. 신앙을 삶의 목적으로 삼는 사람도 있을 것이고, 종교를 삶의 수단으로 생각하며 사는 사람도 있을 것이다.

내가 사는 주변만 해도 수백 가지의 종교가 있다. 특히 전라북도는 지리산과 모악산을 중심으로 신생종교가 많은 곳으로 유명하다. 전라북도에서는 그것을 관광상품으로 개발하려고 올여름에 전라북도 4대 종교 순례길 도보순례행사도 가졌다. 사람들은 저마다의 방법으로 신을 따르며 신의 가르침대로 살려고 노력한다. 죽음 뒤의 세상을 꿈꾸며 전 재산을 아낌없이 헌납한 사람들도 있다. 그러나 진리와 정의가 불의와 거짓에게 유린당할 때는 "과연 신은 있는가. 신은 어디로 갔는가." 라고 질문을 던지게 될 것이다. 그리고 정의가 강물처럼 흐르고, 진리가 반드시 승리하는 공평한 세상이 올 때는 신은 언제나 우리 곁에 존재할 것이리라.

청산은 나를 보고

한때지만 나는 나옹선사가 지었다는 〈청산은 나를 보고〉라는 시를 좋아했다.

> '청산은 나를 보고 말없이 살라하고, 창공은 나를 보고 티 없이 살라하네.
>
> 사랑도 벗어놓고 미움도 벗어놓고, 물같이 바람같이 살다가 가라하네.
>
> 창공은 나를 보고 티 없이 살라하네, 성냄도 벗어놓고 탐욕도 벗어놓고 물같이 바람같이 살다가 가라하네.'

읽는 이로 하여금 자신의 삶을 되돌아보게 하는 시이다. 시가 주는 메시지는 물같이 바람같이 순리에 맞게 욕심 없이 살라는 것이 아닌지.

얼마 전에 농구스타 이상민 선수가 은퇴했다. 기자회견장에는 이상민의 인기를 말해주듯 많은 팬들이 몰려와 눈물을 보이며 아쉬워했다. 얼굴도 잘생겼지만 매너가 좋아서 많은 농구팬들을 몰고 다니던 이상민, 그는 "조금은 아쉽지만 이번이 좋은 기회인 것 같아서 결심을 했다. 다시 새로운 길을 가는 계기로 삼겠다."라는 말을 남기고 떠났다. 한국 발라드계의 황태자라는 이름으로 20여 년 동안 우리나라와 일본 무대에서 활동하고 있는 가수 신승훈 씨가 "이제는 학처럼 천천히 고고하게 내려앉고 싶다."고 인터뷰하는 것을 보았다.

사람은 누구나 들 때가 있으면 나갈 때가 있다. 꿈 많던 입사 시절이 있으면 정년이라는 퇴임의 길도 있고, 하찮은 모임의 회장이라도 임기를 다하면 다음 후임자에게 자리를 물려주는 것이 자연스러운 순리이다. 요즘 지방선거를 앞두고 자의든 타의든 몸담았던 정계를 떠나는 사람들이 많아졌다. 좋은 이미지로 떠나는 사람이 있는가 하면 마지막까지 인연의 끈을 놓지 못하고 몸부림치는 듯 보이는 사람들도 있다. 대중의 인기를 먹고 사는 사람일수록 자리를 놓고 떠난다는 것이 쉽지 않은가 보다.

직업관계로 만났지만 혈육보다 더 끈끈하게 정을 주고받았던 가수가 있었다. 아들이 교통사고를 당했다는 소식을 듣고 단숨에 전주까지 달려올 만큼 가까운 사이였다. 1980년대 중반, 그의 인기는 하늘을 찌를 정도였고, 1년 동안 방송전파를 가장 많이 탄 노래가 그의 노래였다. 또한 최고의 출연료에 방송국 섭외 0순위로 행사장이나 길거리로 나가면 몰려드는 팬들이 귀찮을 정도였다. 우리끼리 조용히 술 한 잔 하려고 아메리카타운이라는 클럽에 갔는데도 그를 알아보는 미군들이 있어서 결국 노래 한 곡을 불러주고 나온 일도 있었다. 그런 그가 언제부터인가 점차 방송에 출연하는 횟수가 줄어들더니 결국 전화번호까지 바꾸고 사라지고 말았다. 몇 년이 지난 어느 날 갑자기 나를 찾아왔다. "형, 미안해. 견디기 힘들어서 죽고 싶었어."라는 말로 시작한 그의 사연은 끝이 없었다. 평생 돈에 묻혀 살 것 같던 자신이 인기가 떨어지면서 믿었던 사람들로부터 배신을 당하고, 결국 일본으로 도피해야 했던 심정 등을 거침없이 토해냈다. 그래서 인기가 떨어지는 연예인들이 술과 마약의 유혹에 빠지게 되는 것 같다는 말도 해줬다. 그의 이야기를 들으면서, 인기라는 것은 한낮 물거품 같다는 생각이 들었고, 떠날 때를 알고 자신을 정리하는 것이 얼마나 어려운 일인가를 알게 되었다.

나는 매주 월요일과 목요일 밤에는 배구를 한다. 벌써 수년째다. 어느 날 회원을 모집한다는 현수막을 보고 배구하는 사람들을 찾아갔다. 오랜만에 해보는 배구였지만 내 실력을 보고 놀라는 사람들이 많았다. 사실 나는 초등학교 때 육상선수였고, 교직에 있을 때는 배구선수로 뽑혀 여러 번 대회에 출전한 일도 있었다. 그래서 늦게 가입은 했지만 실력을 인정받아 주말리그나 클럽대항배구대회가 있을 때는 언제나 주전선수로 활약을 했다. 그럴 때면 나 때문에 벤치로 밀려나 있는 다른 동료들에게 미안한 마음을 가질 수밖에 없었다. 그런데 지난해에 새로운 회원들이 들어오고 회원들 간에 은근히 주전자리를 놓고 경쟁을 벌어야 했다. 나는 모임이 많아서 운동연습에 소홀했지만 늦게 들어온 회원들은 거의 매일 빠지지 않고 열심히 운동을 했다. 그러는 사이에 어느덧 내가 서야할 자리가 흔들리기 시작했다. 경기가 있을 때도 나는 한 세트만 뛰고 교체되는 것이 일상이 되었다. 그것도 모자라 이번에는 아예 벤치에 앉아 있는 대기선수가 되고 말았다. 벤치에 앉아 있는 내 모습이 초라해 보이고 씁쓸해지기 시작했다. 〈1등만 알아주는 세상이 싫다!〉는 어느 TV프로그램이 생각났다. 물론 건강을 위해 운동하는 것이 목적이었지만 스스로 잘한다고 생각했던 내가 이제는 후보가 되어 경기를 관전하고 있어야 한다는 것이 몹시 속상했다. 하지만 세상일들이 다 그런 것인데 어쩌겠는가? 나이로 보나 실력으로 보나 뒤안길에 접어든 내 모습을 인정하기로 했다. 출전할 기회가 있어도 오히려 후배들에게 양보했다. 그러다 보니 벤치에 앉아 있는 것이 아무렇지도 않았고 더 편하게 되었다.

새로운 것으로 바뀐다는 것은 변화와 발전을 의미하는 것이리라. 나이가 들수록 그 나이에 맞는 생각과 행동을 갖는 것은 사람만이 가질 수 있는 가장 아름다운 변화일 것이다. 많은 사람들에게 삶의 의미를 던져주는 시, 〈청산은 나를 보고〉의 가르침대로 욕심 없이 살지는 못할 지라도, 순리대로 사는 것이 마땅하지 않을까. 비록 배구경기지만 떠날 때를 알고 조용히 자리를 비켜주는 나의 뒷모습도 이만하면 아름다워 보이지 않을까 생각해 본다.

같은 날 같은 사건

사회적으로 큰 문제를 일으키거나 주목받을 만한 뜻밖의 일을 '사건'이라고 한다. '천안함 침몰사건'이나 '김길태 사건' 등이 그것이다. 하지만 평범하게 살아가는 나에게는 뜻밖에, 그것도 같은 날에 두 번이나 겪어야 했던 일이기에 사건이라고 아니할 수 없다.

며칠 전부터 아내의 기상시간이 빨라지고 몸놀림도 바빠졌다. 내 생일을 앞두고 주말에 두 아들 가족이 온다는 연락을 받았기 때문이다. 여수에서 돌산 갓을 주문해 김치를 담고, 빨기 힘들다는 카펫과 이부자리도 세탁을 했다. 이번 기회에 가족사진을 찍겠다며 사진관도 예약했다. 또한 전 가족이 청바지에 하얀 티셔츠를 입고 찍자는 아이디어가 채택되어 하얀 티셔츠도 사왔다. 사실 나도 두 아들이 결혼하여 손자들까지 생겼으니 옛날에 찍은 가족사진을 새것으로 바꿔야겠다고 생각했었다. 하지만 결혼을 못한 큰딸이 있어서 다음에 사위랑 같이 찍자고 했지만, 아내와 아들들이 이번 기회에 가족사진을 찍고 다음에 한 번 더 찍자고 해서 잘됐다고 생각했다.

아들들이 오는 날이 하루 앞으로 다가왔다. 어느 때처럼 거실 청소와 애완견 '뭉치'를 미용시키는 일은 내 몫이다. 그래서 퇴근을 하자마자 강아지를 데리고 단골로 다니는 동물병원으로 갔다. 그리고 1시간 뒤에 데리러오라고 해서 집에서 기다리는데, 갑자기 병원에서 연락이 왔다. "아저씨 빨리 좀 와주세요. 강아지가 이상해요. 의식을 잃었어요." 금방까지 멀쩡하던 강아지가 의식을 잃었다니 이게 무슨 연고인가. 정신없이 차를 몰았다. 내가 도착했을 때는 응급조치를 해서 좀 좋아졌다며 힘없이 누워 있었다. 의사의 설명은 "뭉치는 평소에도 심장이 약했는데 털을 깎고 목욕을 시키는 과정에서 쇼크를 받아서 잠시 의식을 잃었다."는 것이었다. 그리고 앞으로도 이런 일이 자주 일어날 것이며, 심하면 쇼크사 할 수 있다는 것을 예상하라는 것이다. 또한 심장이 약한 강아지는 대부분 2년 이내에 죽는 것이 일반적이라며 평소에도 안정을 취해주라는 말까지 해줬다. 전부터 심장 뛰는 것이 불규칙하고 자주 숨이 가빠서 약을 먹이기도 했지만, 막상 우리 강아지가 2년 내에 죽을 수 있다니 충격이 아닐 수 없었다. 뭉치가 너무나 가련해서 한동안 껴안고 있었다. 우리에게 얼마나 소중한 강아지였던가. 10년이 넘도록 우리에게 위로와 기쁨을 주고, 항상 내 이부자리에서 같이 잠을 자던 내 식구이고 가족이었는데……. 집으로 돌아오는 내내 마음이 아팠다. 이제라도 시한부 삶을 살게 된 뭉치에게 더 잘해 줘야겠다고 생각하면서 집으로 왔다.

그리고 밤이 깊었다. 자정이 넘었는데도 아내는 무슨 일을 하는지 주방에서 나오질 않는다. 오늘은 그만하고 쉬라고 했더니, 하던 일을 끝내고 쉴 터이니 먼저 자라는 것이다. 하기야 평소에도 TV에서 애국가가 나와야 잠잘 준비를 하는 사람이니까 그러려니 하고 먼저 잠자리에 들었다. 그런데 이번에는 아내의 비명소리가 들렸다. "자영이 아빠, 빨리 좀 와 봐. 큰일났네." 울먹이는 소리가 들렸다. 순간 무슨 일이 생겼다는 감이 들어 주방으로 달려갔다. 두 손으로 붙들고 있는 아내의 머리에서 얼굴 위로 피가 흐르고 있었다. 이마 바로 윗부분 머리가 5~6센티미터쯤 찢어져 있었다. 앉아서 일을 하다가 일어나는 순간 문고리 부분에 머리를 부딪혔다는 것이다. 시계를 보니 1시 30분, "빨리 응급실로 가자!"며 정신없이 차를 끌고 병원으로 갔다. 병원에서는 상처가 너무 깊어 봉합수술을 해야 한다며 곧바로 수술준비를 했다. 간호사는 머리털을 자르고 소독을 하고, 의사는 꿰맬 실을 챙기고 있었다. 아내는 아프다며 울상을 하면서도 계속 다른 걱정을 하는 듯싶었다. 그러더니 말문을 열었다. "꿰맨 부분에 붕대를 붙이나요? 붕대를 붙이면 사진을 못 찍는데, 다른 방법은 없나요?" 머리에 붕대를 붙이면 맹구머리가 돼서 가족사진을 찍지 못할까 봐 걱정하고 있었다. 내가 "사진 찍을 때 잠깐 떼었다가 붙이면 되니까 걱정하지 말라."고 했더니, 간호사가 웃으면서 내일 사진 찍으러갈 때 병원에 오시면 보이지 않게 해주겠다고 했다. 아내는 5cm 넘게 찢어져 12바늘을 꿰맸다. 돌아오면서 "불행 중 다행이다. 만일 이마나 얼굴에 상처가 났더라면 어떻게 됐을까." 이렇게 위안을 삼으면서 생각해 보니, 같은 날 비슷한 사건을 두 번이나 겪어야했던 나는, 하루 종일 놀라면서 보낸 것 같았다. 강아지 때문에 놀라고 아내 때문에 놀라고, 아무래도 일진이 나빴던 하루였다. 그래도 이만한 것이 천만다행이지 않는가.

제5장

칼럼 모음

채널 선택의 자유를 달라

남아공 월드컵이 다가오는데도 월드컵 분위기가 예전 같지 않다. 4강이라는 신화를 창조하고, 7회 연속 월드컵 본선 진출이라는 금자탑을 세웠는데도 국민들의 반응이 이상하리만큼 차분하다. 한 방송사가 중계방송을 독점한 데서 온 폐단과 무관하지 않다고 본다. 다른 때 같으면 방송 3사가 경쟁이라도 하듯 월드컵에 대한 다양한 볼거리와 상대팀의 전력과 스타들에 대한 분석이 입체적으로 소개됐을 텐데, 올해는 중계방송을 못하는 방송사들이 강 건너 불 보듯 하기 때문이다. 5월 12일 월드컵 D-30일을 맞아 제작한 SBS의 특집방송은 독점 중계에 따른 국민들의 비난을 피하려는 양, 방송사의 입장을 변명하는 수준을 크게 벗어나지 못했다.

지난 동계올림픽 중계방송을 지켜본 국민들은 이번 월드컵만큼은 '보편적 시청권'을 주장하며, 다른 공중파방송에게도 자유로운 취재와 방송권을 줘야한다고 요구했었다. 중계방송도 가능하면 3개 방송사가 순차적으로 해줄 것도 요구했었다. 그러나 이번에도 중계권을 따낸 SBS의 동의가 없는 한 특별한 해법이 없을 것 같다. 결국 동계올림픽 때처럼 잘하든 못하든 월드컵경기를 보고 싶은 사람은 SBS만 보라는 희한한 일이 벌어지고 말았다. 경제적인 논리에서 승리한 곳은 SBS이고, 공영방송이라는 KBS와 MBC, 방송통신위원회, 시청자와 광고주는 모두 실패자가 되었다. 뭐니뭐니해도 독점방송사에 비싼 돈을 지불해야하는 광고주와 보편적 시청권을 상실한 국민들이 가장 큰 희생자가 되었다.

'보편적 시청권'은 헌법에 보장된 국민의 기본권이다. 다시 말해 보편적 시청권은 국민의 것이고, 방송사는 이를 구현하는 매개체에 불과한 것이다. 따라서 올림픽이나 월드컵 같은 국민적 행사는 어느 누구도 국민의 알권리를 방해해서는 안 된다는 것이다. 시청자들은 좀더 다양한 양질의 중계방송을 보고 싶어한다. 따라서 방송법에는 '올림픽이나 월드컵경기 같은 국가적인 행사의 경우 중계권자가 국민 전체 가구 수 90% 이상이 시청할 수 있는 수단을 갖춰야 한다.'고 명문화하고 있다. 이와 관련해서 KBS와 MBC는 단독중계권을 가진 SBS는 가시청可視聽지역이 67%에 불과하다고 지적하고 있다.

하지만 SBS는 위성방송과 지역케이블방송 등을 끌어들여 90% 이상을 충족하고 있다고 맞서고 있다. 결국 MBC는 KBS에 이어 “SBS가 월드컵 방송권을 취득하는 과정에서 행한 불법행위에 대해 민·형사상 소송을 제기하기로 했다.”며 곧 변호인단을 구성하겠다고 밝혔다. 또한 MBC 측은 “SBS가 방송3사의 공동협상에 참여해 입찰금액을 알아낸 뒤 공동 중계하기로 한 방송 3사 사장단합의를 위반하고, 단독으로 코리아풀이 합의한 금액보다 더 높은 액수를 제시해 방송권을 따냈다.”며 “이는 명백하게 다른 방송사를 속이고, 입찰 업무를 방해한 것”이라며 법적 대응에 나서기로 했다.

문제는 국민의 입장에서 “단독중계가 좋으냐 아니면 시청자에게 선택권을 주는 것이 좋으냐?”는 문제이다. 지난 2006년 독일 월드컵에서는 공중파방송 3사가 64경기 중에 50경기를 동시에 중계해서 “시청자들의 채널 선택권을 박탈했다.”며 분노했었다. 그런데 지난 밴쿠버 동계올림픽에서는 SBS가 독점중계를 하자 또 다른 문제가 생기고 말았다. 중계방송의 수준이 국민들의 의식수준을 따르지 못하는가 하면, 캐스터와 해설자가 맘에 들지 않아도 다른 방송의 중계를 볼 수 없는 또 다른 채널 선택권을 빼앗기고 말았다. 더구나 KBS나 MBC의 뉴스방송에서조차 관련 화면을 제한적으로 볼 수밖에 없는 문제가 생겼다.

월드컵은 지구촌 축제이고 우리나라도 그 중심에 서 있다.

뜨거웠던 2002년 월드컵, 독일까지 날아가 축제 속에 주인공이 되었던 2006년, 그러나 이번에는 완전히 외면당하는 느낌이다. 방송통신위원회의 안이한 생각이 부른 결과라고 본다. 보편적 시청권은 채널 선택권이나 품질 등 여러 요건을 함께 충족시켜야 하는데, 국민의 90% 이상이 시청할 수 있으면 된다는 협소한 판단을 했다는 것이다.

이번 기회에 국회와 정부는 올림픽이나 월드컵 같은 국민적 관심 행사는 독점중계권을 분산시키는 방법을 찾아야할 것이다. 상업적 이익과 시청자의 권리가 충돌할 때는 당연히 후자를 선택해야 한다는 것이다. 하루빨리 법적인 보완이 뒷받침되어 시청자에게 채널 선택권을 돌려주기 바란다. 또한 방송사 간의 시시비비를 떠나 이번 월드컵이 국민적 축제로 승화되도록 다른 방송사에도 자유로운 취재와 방송권을 보장해 줘야할 것이다.

드라마 바로 보기

요즘 나는 드라마 한 편에 푹 빠져 있다. KBS에서 방송하고 있는 〈공부의 신〉이 그것이다. 삼류 고등학교에서 그것도 제일 꼴찌들을 모아서 우리나라 최고의 명문대학에 입학시킨다는 줄거리다. 35년 전에 만들어진 영화 〈바보들의 행진〉이 생각날 정도로 누가 보아도 현실과는 거리가 있는 이야기다. 그런데도 내가 왜 이 드라마에 빠져 있는지 모르겠다. 모임이 있어 TV를 보지 못했을 때는 집에 돌아오자마자 인터넷으로 다시보기를 찾아볼 정도다.

〈미녀들의 수다〉라는 프로그램에 출연한 외국인이 한국 사람들은 드라마를 너무 많이 보는 것 같다는 말을 한 적이 있다. 내가 생각해도 우리나라 사람들은 드라마에 생활패턴이

좌우될 정도로 너무 빠져 있는 것 같다. 그래서 우리나라를 드라마왕국이라고 부르는 것도 틀린 말은 아닌 성싶다.

어떤 사람들은 모임날짜를 정할 때 인기드라마가 방송되는 시간은 피하고, 택시기사들도 그 시간은 운행을 중지하고 드라마를 본다고 한다. 이러다 보니 사람들 몇 명만 모여도 드라마 이야기가 양념처럼 나오고, 드라마를 보지 않은 사람은 대화에서 소외되기도 한다. 그런데 최근에는 우리나라 드라마를 걱정하는 사람들이 많아졌다. 시청률 지상주의로 공영성 높은 좋은 프로그램들이 뒷전으로 몰리고, 억지스런 설정에다 앞뒤가 맞지 않는 스토리구성, 불륜은 기본이고 폭력과 출생의 비밀 등 국민들의 정서를 파괴하는 막장드라마가 안방을 오염시키고 있다. 그래서 욕하면서 드라마 본다는 말도 생겼다.

우리는 드라마에 대한 속성을 알아야 한다. 그래야 드라마를 재미있게 볼 수 있다. 결론적으로 말하면 "드라마는 드라마일 뿐이다." 기적 같은 사건이나 어떤 사람의 예사롭지 않은 인생이야기를 들으면 마치 '드라마' 같다고 한다. 보통 사람으로서는 할 수 없는 일이라는 뜻이다. 옳은 말이다. 드라마는 과장되고 사람들을 놀라게 해야 시청률이 올라간다. 그러나 드라마는 최종적으로 우리에게 던져주는 메시지가 있다. 그것이 진실(Truth)이다. 드라마는 우리에게 삶의 가치, 즉 어떻게 사는 것이 옳은 것이라는 진실을 말해 주고 있다.

SBS에서 방영된 〈온에어(ON AIR)〉라는 드라마에서 극 중에 PD역을 맡는 박용하가 스태프들에게 이런 말을 했다. "우리는 지금 달나라에 가고 있습니다. 시청자들에게 달나라에는 분명히 토끼와 계수나무가 있다는 것을 보여줘야 합니다. 힘들지만 꼭 보여줘야 합니다." 여기서 달나라는 우리 사회이고 토끼와 계수나무는 삶의 가치, 즉 진실이다. 그런 진실을 보여주기 위해 드라마는 사랑과 갈등, 절정과 반전, 재미와 판타지라는 요소를 가미해서 극적인 효과를 노리는 것이다.

전래동화 〈해님과 달님〉 이야기에서 오누이를 잡아먹으려는 호랑이에게 하늘에서 썩은 동아줄이 내려진다. 호랑이는 결국 수수밭에 떨어져 죽었는데 지금도 수수에는 붉은 피가 묻어 있고 오누이는 하늘로 올라가 해와 달이 되었다는 이야기를 사실대로 믿는 사람은 아무도 없다. 이야기 자체를 재미있게 들으면 되는 것이다. 드라마도 마찬가지다. 드라마는 이성적으로 생각해서는 안 된다. 감성적으로 보면서 전체적인 분위기로 스토리를 이해하면 된다.

드라마 〈공부의 신〉도 현실성은 없지만 던져주는 메시지가 강하다. 이 드라마의 진실은 "청소년들이여, 꿈을 가져라! Boys be ambitious!"이다.

언제나 남의 눈총만 받고 사는 공부 못하는 학생들이지만 열심히 공부하면 대학에 갈 수 있다는 희망을 주는 드라마이다. 뿐만 아니라 학교와 교사, 학부모들이 해야 할 각각의 역할도 말해주고 있다. 드라마는 사람들이 꾸며낸 이야기다. 허구이다. 드라마를 보는 사람들은 이런 점을 이해해야 할 것이다. 또한 제작자들은 더 이상 막장드라마라는 말이 나오지 않도록, 가능한 현실에 가까운 설득력으로 시청자들의 공감을 얻을 수 있는 드라마를 제작해야할 것이다. 그래야 드라마를 더 재미있게 볼 수 있을 것이다.

바람의 나라

요즘 KBS1－TV에서는 〈바람 불어 좋은 날〉이라는 드라마가 방송되고 있다. 얼마 전에는 〈바람난 가족〉이라는 영화가 상영되었고, 만화를 드라마로 재구성한 〈바람의 나라〉도 방송됐었다. 모두가 '바람'이라는 말이 들어 있지만 뜻은 다르다. 공기의 흐름을 말하는 바람이 있고, 어떤 일이 이루어지기를 기다리는 간절한 마음의 바람도 있다. 바람난 가족에서처럼 남녀가 눈이 맞아 불륜을 저지르는 바람도 있고, 어떤 경향이나 흐름, 추세(Trend)를 말하는 바람도 있다. 나처럼 동에 번쩍 서에 번쩍하는 사람을 '바람 같은 사람'이라고 부르기도 한다.

무더위가 극성을 부리는 요즘 같은 때에는 뭐니뭐니해도

기압에 따라 움직이는 바람이 필요하다. 그래서 바람을 맞으러 산으로 가고 바다로 가고, 밤에는 강가나 냇가로 나간다. 아예 피서를 떠나려고 휴가 계획을 세운 사람도 있다. 바람의 종류도 참 많다. 봄 아가씨의 웃음 같은 미풍이 있는가 하면 천둥번개에 개 뛰듯이 부는 돌풍도 있다. 그런가 하면 세 끼 굶은 시어머니의 얼굴 같은 회오리바람도 있고, 폭풍의 신이라고 일컫는 허리케인에 자동차까지 날려 보내는 토네이도도 있다. 하지만 한여름 더위를 식히는 데는 역시 시원한 바람이 최고다. 그래서 어른들은 부채를 들고 모정으로 모이고, 실내에서는 에어컨과 선풍기가 바쁘게 돌아간다. 자고로 바람 없이는 견디기 힘든 바람의 계절이 왔다. 다행스럽게도 우리나라는 산이 많고 삼면이 바다라 바람이 많아서 좋다.

바람은 산이나 바다에만 있는 것이 아니다. 월드컵 기간에 우리는 새로운 바람을 보았다. 선거 때 보았던 황색바람이나 녹색바람이 아니라 불화산처럼 용솟음치는 뜨겁고 강한 바람, 온 국민을 붉은 악마로 만든 적색바람이다. 비가 내리던 날에도 온 밤을 꼬박 지새우면서 월드컵 전사들을 응원하던 국민들, 그들을 한곳으로 모이게 한 에너지는 어디서 온 것일까. 전국에서 100만 인파가 거리로 나와 응원했다고 한다. 16강이 있던 날도 경기 내내 장맛비가 내렸지만 거리로 몰려나온 국민들은 옷이 젖는 것도 아랑곳하지 않고 승리의 염원을 담은 구호와 응원가를 남아공 태극전사들에게 날려 보냈다. 멀리 마라도 마을회관에서도, 종합병원에서도, 국토를 지키는 바다와 최전방 막사에서도 응원의 소리는 들려왔다. 세계가 놀라고 우리 자신도 놀란 바람, 월드컵 내내 신나고 우리를 행복하게 해주었던 바람, 2002년에 시작한 적색바람은 어김없이 올해도 불었다. 우리 국민만이 할 수 있었던 역동적인 응원, 그 바람은 폭풍보다 더 강한 허리케인이었다. 그것은 분명 국운의 상승이었고, 흥을 알고 신명을 아는 백성만이 일으킬 수 있는 바람이었다. 2010년 6월에 분 적색바람은 1997년 IMF 때 겪었던 금모으기에 버금가는 바람이었다.

아쉽게도 우리는 16강에 머물렀지만 이번 경기를 통해서 축구의 강국 어떤 나라도 두렵지 않다는 자신감을 얻었고, 누구와도 대등하게 싸울 수 있다는 희망을 보았다. 또한 우리 팀에는 뛰어난 재능을 가진 젊은 신예新銳들이 많다는 것도 확인했다. 그들이 돌아오던 날, 인천공항과 서울광장은 수만 명의 인파가 몰려 그들을 열렬히 환영했다. 그들에게 힘찬 함성과 박수를 보낸 것은 분명 또 다른 바람이 있었기 때문이다. 우리는 소망한다. 분명히 다음 월드컵 때는 더 좋은 성적을 올릴 것이라는 바람과 믿음을 갖는다. 당신들은 반드시 해낼 수 있다는 바람, 자랑스러운 대한민국의 아들이기에 그 꿈을 꼭 이룰 수 있다는 바람이다.

지금 우리나라에 부는 시원한 바람, 통쾌한 바람, 더위에 시달리고 슬픔에 빠진 사람들에게 웃음과 행복을 주는 바람,

그리고 우리에게 희망을 주는 바람, 그런 바람이 사회 각 분야에도 물밀듯이 넘쳐나는 세상이 왔으면 좋겠다. 드라마처럼 〈바람 불어 좋은 날〉, 〈바람의 나라〉가 계속되기를 고대하고 기원한다.

지금은 비주얼시대

최근 서울에 있는 어느 TV뉴스전문채널에서 DMB로 비주얼 라디오를 시작한다고 발표했다. 공중파방송에서는 이미 인터넷을 통하여 스튜디오에서 방송하는 모습을 동영상으로 보여주고 있지만 비주얼 라디오라는 말이 새롭게 다가온다.

비주얼(Visual)은 시각적이라는 말이다. 다시 말해서 보이는 라디오를 하겠다는 것이다. 라디오는 듣는 것이고 텔레비전은 보는 메커니즘이지만 이제는 듣는 라디오에서 보는 라디오를 하겠다는 것이다. 그런데 왜 보는 라디오일까?

지금은 영상의 시대이다. 어떤 정보를 전달하거나 인지할 때 가장 빠르고 쉽게 도달하는 것이 영상매체 즉 눈으로 직접 보게 하는 것이다. 보통 어떤 사물을 오감으로 인식할 때 시각은 70%를 좌우하고 청각은 20% 나머지 10%는 촉각이나 미각 후각이라고 한다. 그래서 우리 속담에 '보기 좋은 떡이 먹기도 좋다.'는 말이 있다. 이왕이면 보기도 좋고 먹음직스럽게 만들면 먼저 손이 간다는 것이다.

여기에서 나온 말이 비주얼머천다이징(VisualMerchandising)이라는 말이 있다. 상품의 진열이나 장식을 연구하여 소비자에게 시각적으로 어필하면 판매고가 올라간다는 판촉 행위의 하나이다. 예를 들어 여름용 캐주얼셔츠를 접은 채로 진열하는 것이 아니라 펼쳐서 젊은 감각에 맞는 선글라스를 주머니에 꽂아 두면 상품의 우수성이 시각적으로 부각되어 더 잘 팔린다는 것이다. 생선가게에서도 등이 보이게 하는 생선과 배가 보이게 하는 생선을 구별하여 진열하고, 깔판의 색깔은 파랑색, 고기는 수직으로 놓는 것보다는 계단식으로 옆이나 대각선으로 진열하면 잘 팔린다는 것이다. 좀더 발전한다면 그 가게만이 가지고 있는 특징적인 것 즉 간판의 모양이나 가게 주인이 입고 있는 독특한 옷, 기억하기 좋은 조형물을 설치해 놓는 것도 좋은 방법 중의 하나라는 것이다. 요즘에는 학문으로 자리잡아 미술 분야에서뿐만 아니라 경제학에서 많은 논문이 나오고 있다. 지금은 지방자치단체에서도 재래시장을 활성화하기 위해 비주얼머천다이징 프로젝트를 추진하는 곳이 많다. 시장 주변 미관과 가게를 시각적으로 새롭게 디자인함으로써 손님을 끌게 하여 재래시장을 활성화

한다는 것이다.

사람에게도 비주얼시대가 왔다. 자기 이미지 찾기에 상당한 돈과 관심을 투자하고 있는 사람들이 많아졌다. 남자들도 피부 관리를 하고 미장원엘 다닌다. 가장 눈에 띄는 것은 명함이다. 명암에 사진을 넣는 것은 기본이고, 자신의 경력과 소지한 자격증, 네모가 아닌 한지로 만든 명함에 구호까지 넣어 다니는 사람도 있다. 스스로 홍보하고 특색 있게 소개함으로써 자신의 가치를 높이고자 하는 것이다.

나는 미적 감각이 없어서 옷을 사고 나면 금방 후회를 한다. 그래서 옷을 살 때는 언제나 아내와 같이 간다. 그럴 때마다 듣는 말이 "당신은 무엇을 입어도 잘 어울리지 않는다."는 것이다. 누구나 다 입는 점퍼와 티셔츠를 입어도 어울리지 않고 남방셔츠에 청바지를 입어도 잘 어울리지 않는다는 것이다. 그런데 청바지에 아무거나 걸치고 있어도 품위가 있고 멋있어 보이는 사람이 있다. 하지만 알고 보면 그 사람은 깨끗한 구두와 잘 다듬어진 머리, 청바지에 잘 어울리는 색깔의 티셔츠를 입고 있는 것을 알 수가 있다. 또한 차림새뿐만 아니라 세련돼 보이는 걸음걸이와 언행 등에서 색다른 품위를 느낄 수 있다.

멋을 부린다는 것은 사치가 아니다. 멋이란 자신을 정확하게 연출하는 내적 작용이다. 개성에 맞게 자신을 꾸미고 디자인하면 시각적으로 달라지고 이미지가 새로워진다. 결코 키가 크고 얼굴이 잘 생겼다고 멋있는 사람이 아니다. 멋은 자연스러우면서도 은은한 매력을 느끼게 하는 깊이가 있어야 한다. 요즘은 사원을 채용할 때 면접을 중요시하고 실제적으로 80%는 면접에서 결정된다고 한다. 그것은 일에 대한 능력과 경험도 중요하지만 그 사람이 가지고 있는 매력 즉 멋과 품격이 그 회사가 추구하는 이미지에 적합한가를 찾는 것이려니 싶다.

버림의 미학

주식시장에는 천 개가 넘는 종목이 있다. 투자자들은 그 중에 몇 가지를 골라서 투자를 한다. 그것을 포트폴리오라고 한다. 포트폴리오를 잘 구성한 사람은 수익을 내지만 그렇지 못한 사람은 손실을 본다. 그래서 자기가 가지고 있는 종목에 대해서 분석을 하고, 확신이 서면 장기투자를 하지만 그렇지 못할 경우는 과감히 버리고 다른 종목을 선택해야 한다. 손해를 봤다고, 버리기가 아깝다고, 그 종목을 계속 들고 있으면 더 큰 손실이 나는 경우가 많다.

얼마 전에 일본 도요타자동차가 리콜문제로 망신을 당했다. 특히 리콜을 숨겼던 사실이 뒤늦게 알려지면서 도덕성까지 문제가 됐었다. 도요타는 170여 개 나라에 세계적인 유통

망을 가지고 있으며, 2008년에는 미국의 GM사를 제치고 세계 자동차업계에서 1위를 차지했던 회사다. 그런데 사장은 청문회에 나가 눈물로 사죄하고 결국 미국에 1천 6백만 달러의 과징금을 납부하게 되었다. 또한 미국 경제 전문지 포브스가 선정한 세계 선도기업 순위에서도 지난해 3위에서 360위로 추락하고 말았다. 재정적인 손해뿐만 아니라 도요타의 이미지와 영광이 땅에 떨어졌다. 이것도 알고 보면 회사의 자존심을 버리지 못해서 생긴 일이다.

방송국에는 편집을 하는 사람들이 따로 있다. 현장에서 직접 촬영한 사람이 편집을 하는 것이 좋을 것 같지만, 더 좋은 작품을 위해서는 다른 사람이 편집을 해야 한다는 것이다. 직접 찍어온 사람은 고생하면서 찍은 그림이 아까워서 버리지 못하고 끼워 넣기를 하다가 결국 좋은 작품을 망친다는 것이다. 그래서 편집은 객관적인 입장에 있는 사람이 하는 것이 좋다고 한다.

결혼할 나이가 되면 남녀 청춘들은 배필을 찾는다. 선도 보고, 데이트도 하고, 어떤 사람은 동시에 몇 명을 사귀기도 한다. 요즘 젊은이들은 쿨(Cool)한 것을 좋아해서, 몇 년을 사귀다가도 마음에 안 들면 헤어지고, 약혼을 한 사람도 문제가 발견되면 과감히 파혼을 한다. 어쩌면 현명한 선택인지도 모른다. 평생을 후회하면서 사는 것보다는 일찍이 알곡과 쭉정이를 가리는 것이 나을 것이다. 버림으로써 또 다른 것을 얻을 수 있기 때문이다.

도자기를 만드는 도공들은 마지막 단계에서 혼신을 다해 만든 도자기를 과감히 깨트려 버린다. 수개월 동안 고민하면서 그린 역작을 찢어버리는 화가도 있다. 만족할 수 없기 때문이다. 명품을 만들기 위해서다. 누가 봐도 인정하는 명품을 만들기 위해 찢고, 깨트리는 아픔을 참고 견디는 것이다. 버림으로써 최고의 명품을 얻을 수 있기 때문이다.

우리 주변에는 버려야할 것을 버리지 못하고 붙들고 있다가 손해를 보거나 애물단지로 남겨진 것들이 많다. "설마 괜찮겠지."하면서 계속 사용하다 낭패를 본 일도 있다. 어떤 지인은 바꿔야할 타이어를 조금 더 탄다고 고집부리다가 큰 사고를 냈다는 말을 들었다.

우리 인생도 그러지 않을까? 과감히 버려야할 것들이 많다. 쓸데없는 자존심, 독선과 아집, 끝없는 욕심과 허영심, 하물며 가족과 약속한 담배와 술을 끊지 못하고 손해를 보는 사람도 있다. 명품인생은 타고나는 것이 아니다. 흙이 찬란한 도자기로 환생하기 위해서는 잡티를 고르고, 이물질을 빼내고, 천도가 넘는 열을 이겨내야 하듯, 자신의 허물과 결점을 버리는 과정이 필요할 것이다. 그래야 아름답고 고운, 청자와 같이 자태 나는 인생으로 다시 피어날 것이리라.

무소유의 가르침을 남기고 가신 법정스님의 말씀이 생각난다. "삶은 소유물이 아니라 순간순간의 있음이다. 영원한 것이 어디 있는가. 모두가 한때일 뿐."

브레인스토밍(Brainstorming)

요즘 나는 매주 목요일이면 조찬모임에 참석한다. 10여 명의 회원들이 모임을 가진 게 벌써 석 달째다. 회의시간은 1시간 30분 정도, 현안에 대하여 각자의 생각을 말하고, 특별한 결론 없이 헤어진다. 지금까지 안건을 놓고 무엇이 옳고 그르다거나, 무엇은 좋고 나쁘다는 결론을 내린 일은 없다. 사업을 추진하는 사람에게 아이디어만 주는 셈이다.

우리는 직장이나 어떤 모임에서 좋든 싫든 회의를 하면서 살아간다. 특히 직장에서는 거의 매일 회의를 하고, 간부라면 하루를 회의로 시작해서 회의로 끝난다는 말이 나올 정도로 회의는 필수요건이다. 어떤 회의는 전달사항만 듣고 끝나는 경우도 있고, 어떤 회의는 중요한 안건을 놓고 토론을 한 뒤

안건의 결정을 내리는 회의도 있다.

요즘 지방선거를 앞두고 일부 정당에서는 후보자 선출방식을 놓고 여러 차례 회의를 갖지만 옥신각신하면서 결론을 내리지 못하고 있다. 전략공천이냐 경선이냐 경선방법은 당원투표냐 국민 참여냐, 아니면 배심원제 도입이냐는 등 각자의 입장에서 유리한 방법을 요구하고 있다. 최종 결론을 내려야 하는 공천심사위원회에서도 이해관계가 얽혀 쉽게 결정을 못 하는 분위기다. 그러다 보니 일부 후보들은 사퇴를 하고 무소속으로 출마하는 등 당내 갈등과 내분이 깊어가고 있다.

그러한 일을 보면서 나는 가끔 어떤 회의에 참석했을 때 회의진행에 대한 새로운 방식이 없을까? 하는 고민을 해왔다. 얼마 전 한국예총 전국대표자대회에서 느낀 것도, 정말 중요한 안건이 2~3명의 의견을 듣고 10여 분 만에 통과되는 것을 보았다. 안건에 동의하고 제청하고 표결로 결정한다는 가장 민주적인 방법으로 진행됐다고 하지만 그 자리에 있었던 나는 손 한 번 들어보지 못하였으니 무엇인가에 날치기를 당한 느낌을 가질 수밖에 없었다.

요즘 회사마다 주주총회를 하고 있다. 회계보고를 하고, 수익금을 배당하고, 새로운 임원진을 뽑는 등 중요한 안건들을 처리한다. 그곳에서도 회사 측과 주주가 멱살을 잡는가 하면 사수대가 동원되고, 단상의 의자와 마이크를 집어던지는 추한 모습을 가끔 본다. 이유는 회의 진행 방식에 불만을 가진 사람들이 있다는 것이다.

브레인스토밍(Brainstorming)이라는 것이 있다. 중요한 안건을 결정하거나 아이템을 찾을 때, 되도록 많은 사람들의 아이디어를 모으기 위해 자유롭게 토론하고 마지막에 최대 공약수를 찾는 회의방법이다. 말 그대로 Brain(뇌), Storming(폭풍) 즉 '두뇌의 폭풍'을 의미하는 것이다. 이 방법은 10명 미만의 적은 인원이 회의를 할 때 주로 쓰는 방법으로 자유롭게 자기의 의견을 말하게 한 뒤, 좋은 것을 취사선택하는 일종의 집단적 사고 과정을 말한다.

프로그램을 제작하는 방송국에서는 이 방법을 많이 쓴다. 작가나 스텝들에게 미리 주제와 안건을 주고 충분히 생각하도록 한 다음에 회의를 갖는다. 이 방법은 기본적으로 다른 사람의 의견에 비판이나 평가를 하지 말아야 하며, 자유분방한 아이디어를 환영하고, 되도록 많은 의견을 내놓도록 하는데 목적이 있다. 그리고 모아진 의견을 하나하나 정리하면서 버릴 것과 남길 것을 가리고, 최종적으로 주제에 맞는 소재들로 큐시트를 짠 다음에 프로그램을 제작한다.

지난 연말 '전북예총 2010 JUMP 워크숍'에서 진행자가 브레인스토밍 방법을 쓰는 것을 보았다. 시간이 걸리더라도 최대한 많은 의견과 좋은 아이디어를 도출하고 싶어서였는지 10개 협회, 9개 시군지회에서 참가한 회장과 사무국장 모두에게 '전북예총 발전을 위한 각자의 생각'을 거침없이 발표하도록 했다. 그래서인지 좋은 아이디어들이 많이 표출되는 것을 보았다. 흔히 직장이나 사회의 모임에서는 대표자나 일부 사람들만이 의견을 말하고 다른 사람들은 그 의견을 따라가는 경우가 있다. 결국 중지를 모으지 못하고 회의는 끝나고 만다.

가정이나 직장, 또는 어떤 모임에서 안건을 놓고 협의할 때 이런 브레인스토밍, 즉 '집단적 사고 과정'으로 회의를 진행한다면 참여의식도 높아지고, 발표능력도 키울 수 있는 일석이조의 효과를 얻을 수 있지 않을까 생각해 본다.

남자 그리고 하모니

인간의 목소리가 빚어내는 하모니가 어쩌면 이토록 아름다울까. 때로는 감미롭게, 때로는 웅장하고 경이롭게, 그리고 때로는 재미있게 우리들의 심금을 울려준다.

나에게 새삼 합창의 세계를 알게해준 것은 KBS 2TV 〈남자의 자격〉이라는 프로그램이다. 남자로 태어나서 죽기 전에 해봐야할 101가지 미션 중에 이번에는 '남자 그리고 하모니'라는 주제로 합창에 도전하는 것이었다. 각기 다른 직업과 성격이 다른 남녀 32명이 아름답고 감동적인 하모니를 만들어 전국 합창경연대회에 도전하는 과정을 그렸다. 거기에는 평범한 직장인도 있고 이종격투기 챔피언도 있었다. 물론 성악을 전공한 사람도 있지만 개그우먼과 가수, 연극인, 아나운서, 뮤지

컬배우와 방송제작PD도 있었다. 특히 관심이 많았던 것은 이경규 씨를 비롯해 〈남자의 자격〉에 출연하는 주인공들이 어떻게 합창을 할 수 있을까? 하는 것이었다. 그러나 연습하고 준비하는 과정이 너무나 리얼하고 열정적이어서 방송횟수가 늘어갈수록 시청률이 올라갔다. 지난주에는 27.5%의 시청률을 보이더니, 이번 주에는 무려 31.4%로 예능프로그램에서는 보기 드문 경이로운 기록을 세웠다.(TNS미디어조사)

방송이 끝난 후 홈페이지에는 "너무나 감동적이었다. 예능프로그램을 보고 울기는 처음이다. 수신료가 아깝지 않다. 다시 보고 싶다. 남자의 자격 파이팅!" 등 프로그램을 극찬하는 글이 수없이 올라왔다.

이 프로그램이 폭발적인 인기를 끌고 있는 이유는 여러 가지다. 우선 박칼린 지휘자의 카리스마 넘치는 지도력과 안무를 맡은 최재림 선생의 춤 솜씨, 그리고 닮은 것이 하나도 없는 서른 두 명의 캐릭터를 다큐멘터리 형식으로 진솔하게 프로그램에 반영했다는 것이다. 특히 폭발적인 가창력을 가진 선우와 맑고 청아한 천상의 목소리를 가진 배다해의 우정의 대결과 이들이 들려주는 감미로운 화음이 이 프로그램을 더욱 돋보이게 했다. 또한 단 한 번도 합창을 해보지 않은 사람들이 하나의 목표를 향하여 하루에 10시간 이상을 연습할 정도로 피나게 노력하는 과정이 무엇보다 감동적이었다.

합창은 여러 사람이 파트별로 나누어 선율을 맞추고, 파트가 모여 하나의 목소리로 하모니를 이루는 음악이다. 그래서 아무리 노래를 잘하는 사람이라도 옆 사람과 화음을 맞추지 못하면 쓸모가 없는 것이 합창이다.

지난 일요일(9. 26.) 남자의 자격 합창단이 거제전국합창경연대회에 도전, 장려상을 받는 것을 보았다. 실로 감동적이었다. 누구의 말대로 고품격예능 폭풍 감격이었다. 처음은 감미롭게 선우와 배다해의 화음으로 시작하더니 남성들의 소리로 힘이 붙고 절정에서는 웅장하고 경이롭게 관객들을 블랙홀로 빠져들게 하더니 결국 합창의 진수인 아름다운 하모니로 마무리하였다. 우레와 같은 함성과 박수가 멈추지 않았다. 평균 나이가 40이 넘는 〈남자의 자격〉팀 6명의 모습은 너무나 당당했고 자신감이 넘쳤다. 노래도 잘했고 율동도 멋있었다.

노래가 끝난 무대 뒤, 서로 껴안고 펑펑 눈물을 흘리던 모습은 어떤 드라마보다도 더 감동적이었다. 지휘자도 울고 격투기 챔피언도 울고 반주자도 울었다. 그들이 눈물을 흘리며 좋아한 것은 상을 받아서가 아닐 것이다. 서른두 개의 각기 다른 개성이 모여 서로를 믿고 존중하면서 합창이라는 미션을 완수했다는 희열 때문이었을 것이다. 그런 것을 미리 알았던지, 마지막 연습을 끝내던 날 지휘자는 이렇게 말했다. "우리는 이미 해냈다. 마지막 연습에서 여러분의 노래를 듣는 순간 우리의 미션은 끝났다고 생각했다. 우리가 몇 등을 하느냐는 문제가 되지 않는다. 이제는 즐기면서 노래하면 된다."

맞는 말이다. 이 프로그램의 제작 의도도 입상이 아니라 도전하는 정신과 과정에 있었을 것이다. 그래서 단원들의 눈물과 기쁨도 배가 되었고, 마음속 깊은 곳에서 솟구치는 순수한 감성과 자연적인 감정의 표출이 우리를 더 감동하게 했던 것이다. 막장드라마와 옷 벗기기를 상품화하고 있는 저질 프로그램이 판을 치는 요즘, 모처럼 좋은 프로그램을 볼 수 있게 해준 KBS와 제작자에게 감사드린다. 예능도 감동을 줄 수 있다는 것을 알려주고, 결과만을 중요시 여기는 요즘 세상에 과정이 더 중요하다는 것을 가르쳐준 프로그램이기에 더 감사하고 싶다.

나는 어떡하라고!

요즘 TV를 보면 마음 아픈 일이 너무 많다. 살았는지 죽었는지도 모르는 남편, 방금 전에 통화했던 아들이 사고를 당했다는 청천벽력과 같은 소식을 듣고 울부짖는 어머니. 기다리다 못해 사고지역까지 쫓아가 아들의 이름을 수없이 불렀건만 바다는 말이 없고, 차디찬 물속에 갇혀 있을 자식을 생각하는 어미의 마음은 얼마나 비통할까.

아들의 사진을 껴안고 절규하던 한 어머님의 모습이 자꾸 떠오른다. "아들아, 나는 어떡하라고! 네가 죽으면 나는 어떻게 살라고." 땅을 치고 벽을 치고, 그렇게 해서라도 아들이 살아서 돌아올 수만 있다면 좋으련만. 그러나 일주일이 지난 오늘도 소식이 없으니 얼마나 안타까운 일인가.

엎친 데 겹친 격으로 구조하러간 병사가 주검으로 돌아왔다. 악조건에서도 군인의 임무를 다한 한주호 준위, 그러나 뜻밖의 비보를 들은 가족들은 믿을 수 없는 일이라며 가슴을 치며 통곡하고, 오열하던 아내는 끝내 몸을 가누지 못한 채 실신하고 말았다. 참으로 비통하고 슬픈 일이다.

가슴 아픈 사람들이 또 있다. 고 최진영 씨의 유가족이다. 딸을 보내고 가슴의 상처가 아물기도 전에, 믿고 의지했던 사랑하는 아들을 또 보내야 하는 어머니의 마음은 어떠했을까. 두 번이나 같은 비운을 겪어야 하는 어머니는 할 말을 잃고 쓰러졌다. 고 최진실 씨의 장례식 때 운구의 맨 앞에서 누나의 사진을 들고 하염없이 눈물을 흘리던 최진영 씨. 무슨 사연이 있었기에 그렇게 사랑하던 어머니와 조카들을 두고 누나 곁으로 가야만 했단 말인가. 아들까지 잃은 어머니는 마지막 가는 자식의 뒤를 따르며 "진영아, 진영아, 엄마는 어떡하라고."라는 말만 반복하다 끝내 실신하고 말았다. 그녀를 부축하던 지인들도, 장례 행렬을 바라보던 시민들도 아들딸을 잃은 어미의 슬픔에 같이 눈물을 쏟았다 한다.

'나는 어떡하라고.' 이 말은 가장 비통하고 견딜 수 없을 때 나오는 말이다. 믿고 의지했던 것이 물거품이 되거나 뜻을 이루지 못했을 때, 체념과 절망 상태에서 부르짖는 말이다. 1970년대 가수 윤항기 씨가 불렀던 노래 중에도 〈나는 어떡하라고〉가 있었다.

♬무슨 말을 할까요. 울고 싶은 이 마음. 눈물을 글썽이며 허공만 바라보네,

무슨 까닭인가요. 말없이 떠난 사람, 정말 좋아했는데, 그토록 사랑했는데,

나는 어떡하라고, 나는 어떡하라고, 믿을 수가 없어요.♬

말없이 떠나간 사랑하는 사람을 그리며, 마음 아파하면서 부르는 노래다. "무슨 말을 할까요. 믿을 수가 없어요. 무슨 까닭인가요. 울고 싶어요. 나는 어떡하라고." 최근에 슬픔을 당한 유족들의 심정이 이와 같지 않을까. 오늘따라 노래의 가사가 슬프게 마음에 와 닿는다. "나는 어떡하라고!" 울부짖으며 절규하는 유족들의 아픔을 조금이라도 위로하고 달래줄 수 있는 방법은 없을까. 자원봉사자가 필요하다면 지금이라도 현장으로 달려가고 싶을 뿐이다. 누가 '기쁨은 나누면 배가 되고 슬픔은 나누면 반이 된다.'고 했던가. 그저 옷깃을 여미고 몸을 낮추고 우리의 아들들이 하루 빨리 세상 빛을 볼 수 있기를 기도할 뿐이다. 또한 그때까지는 호화스럽거나 요란한 행사는 되도록 자제하고 아픔을 함께 나누는 추모의 분위기가 계속되기를 바랄 뿐이다.

맞추면서 살아가기

우리 생활 속에는 맞춰야 하는 것이 많다. 사진을 찍으려면 초점을 맞춰야 하고, 음악을 하려면 박자를 맞춰야 한다. 립싱크 가수는 입 모양을 맞춰야 하고, 남녀가 데이트를 하려면 눈을 맞추고, 분위기를 잘 맞춰야 한다.

나는 중국에 가면 음식에 입맛을 맞추기가 힘들어 고생을 한다. 마찬가지로 우리나라 음식이 짜고 맵다고 해서 힘들어 하는 외국인도 많을 것이다. 그러나 그 속에서 살려면 그 상황에 맞추는 방법을 배워야 편하게 살 수 있다. 로마에 가면 로마법을 따르라는 말이 있지 않던가.

사람은 누구나 살아가는 방식이 다르다. 부모가 다르고 자라온 환경이 다르기 때문에 식성도, 성격도, 가치관도 다르다.

채소만 먹는 사람이 있는가 하면, 우리 아버지처럼 생선이 없으면 식사를 하지 않는 사람도 있을 것이다. 성질이 급해서 화를 잘 내는 사람도 있고, 소 같은 사람도 있다. 평소에는 입에다 자물쇠를 달고 다니지만 술만 들어가면 목청이 커지는 사람도 있다. 그래서 우리는 서로를 인정하고 맞추면서 살아야 한다. 맞추지 못하면 어울릴 수 없고, 화합하기 어렵기 때문에 같이 생활하는 것이 그만큼 힘들어진다.

나는 두 달에 한 번씩, 퇴직 선배들과 만나는 자리가 있다. 그곳에서 선배들끼리 주고받는 인사말이 있다. "요즘 세 끼 밥은 얻어먹고 사는가?" "맞추면서 산다네." "맞춰야지." 정년 퇴직을 하고 이렇다 할 일거리가 없는 선배들은 꼬박꼬박 세 끼 밥을 얻어먹는(?) 것도 다행이라고 한다. 어떤 때는 괜히 죄 지은 사람처럼 아내의 눈치를 보고, 비위를 맞추느라 청소도 해주고, 혼자 밥을 차려 먹어야할 때도 있다고 한다. 남은 생이 많으니 맞추면서 살아야지 어쩌겠느냐는 것이다.

나도 아내와 맞지 않는 것이 많다. 나는 모든 음식을 가리지 않고 잘 먹는 편이지만, 아내는 장어나 추어탕, 붕장어 같은 뱀과에 속하는 음식은 먹지를 않는다. 보신탕은 물론이고 토끼나 오리고기도 못 먹고, 선지해장국과 순대국밥도 먹지 않는다. 나는 좀 일찍 자고 일찍 일어나는 습관이 있지만, 아내는 TV에서 애국가가 나와야 잠잘 준비를 한다. 나는 대충대충 살아가는 편이지만, 아내는 따지고 넘어가는 성격에다 꼼

꼼하여 매사를 원숭이가 자기 새끼 머리에서 이를 잡아먹듯 한다. 또한 아내는 깨끗하고 잘 정돈된 것을 좋아해서 잔소리가 많지만, 나는 매일매일 청소하고 목욕하고 내복 갈아입는 것조차도 귀찮아하는 사람이다. 그래도 맞추면서 살아온 세월이 37년이다.

맞춰야 하는 것은 집에만 있는 게 아니다. 직장이나 사회에 나가면 또 다른 사람들과 맞추면서 살아야 한다. 전에 근무하던 사무실에 담배를 피우는 선배가 있었다. 그 선배는 심각한 일이 있거나 열심히 일을 할 때는 무의식적으로 담배를 피우는 습관이 있었다. 그럴 때는 여직원들이 한겨울인데도 창문을 활짝 열어놓거나 밖으로 나갔다 들어온다. 선배는 결국 직원들과 맞추려고 밖에서 담배를 피울 수밖에 없었다.

남아공 월드컵축구대회에 나갈 우리나라 선수들의 최종엔트리가 확정되었다. 그동안 수차례의 국제경기를 통해서 포지션에 맞는 선수, 호흡을 잘 맞출 수 있는 선수들로 구성을 했다고 한다. 운동경기도 그렇지만 합창이나 중창을 할 때는 단원들의 조화가 더 중요하다. 소프라노와 알토, 테너와 베이스가 각자의 음색을 잘 맞춰야 아름다운 소리가 만들어진다. 자기의 목소리가 크고 좋다고 혼자만 큰소리를 낸다면 화음이 되지 않는다. 그런 사람은 독창을 해야 한다. 그뿐만이 아니다. 어떤 모임이건 한 사람쯤은 하찮은 일까지도 시시비비 따지고, 자기주장만 내세우는 사람이 있다. 그런 사람은 결코 물위에 뜬 기름처럼, 늘 남의 빈축을 사게 된다.

인생을 편하고 조화롭게 살려면 맞추면서 살아야 할 것이다. 어떤 일을 할 때는 앞뒤좌우를 살피면서 항상 역지사지易地思之하는 마음이 필요할 성싶다. 상대방의 입장을 생각하다 보면 남을 배려할 수 있는 마음도 생기지 않겠는가. 자신의 생각을 잠시 뒤로 물리고 서로를 위해 맞추고 조화를 이루려고 노력할 때 가정도 직장도 우리 사회도 한층 더 밝고 아름다운 삶터가 될 것이리라.

문화의 향유권

이명박 대통령은 지난 라디오 주례연설에서(2010. 1. 19.) 문화에 대한 소견과 정책을 발표했다. "문화의 향유권을 넓혀 지역 간 계층 간 문화 향유의 불균형을 크게 줄이고, 농촌, 산촌, 어촌 전국 어느 곳에서나 누구든지, 일상 속에서 문화를 즐길 수 있는 나라를 만들고자 한다."고 밝혔다. 예술계에 몸담고 있는 사람뿐만 아니라 대중문화에 관심을 가진 사람이라면 누구나 바라고 소원하는 일이다. 바로 문화가 숨쉬는 땅, 국민들이 여유를 가지고 문화예술과 만나 행복을 느끼는 세상을 바라는 것이다.

지난해 전북예총의 슬로건은 "소통과 나눔의 예술문화"였다. 그래서 시작한 사업 중의 하나가 '오지마을 문화투어'였다. 국악과 무용, 연극, 음악 등 TV에서나 볼 수 있었던 다양한 장르의 무대공연으로 고창군 고수면에 있는 한 복지시설과 군산시 장자도, 그리고 순창군 동계에서 주민들과 만남의 자리를 가졌다. 비록 장소는 좁고 참석한 인원이 수백 명에 불과했지만 어떤 공연보다 의미가 크고 값진 감동에 소통과 나눔이 있었던 공연이었다. 그런 의미에서 오지마을 문화투어는 도시와 농촌을 문화로 잇게 하는 희망의 횃불을 당기는 시발점이었다고 자평한다. 이번에 대통령이 밝힌 문화향유의 불균형을 크게 줄이겠다는 말에 희망을 갖는다. 국민이라면 누구나 문화의 혜택을 받을 수 있는 권리가 있는 것이다. 하지만 대통령의 의지만으로는 될 일이 아니다. 예술인은 물론이고 지방자치단체와 사회단체, 기업 등이 함께 힘을 보태고 관심과 지원을 할 것이다.

사실 우리나라 대중예술은 너무나 도시에 집중되어 있다. 도시에서는 마음만 먹으면 언제나 쉽게 접할 수 있는 것이 예술문화지만 도시를 조금만 벗어나도 보고 즐길 수 있는 문화공간이 많지 않다. 그래서 예술인들도 준비하고 공연하기가 불편하다는 이유로 소도시에서 공연하는 것을 꺼려했던 게 사실이다.

21세기는 선진국의 기준이 그 나라의 국민소득과 경제수준이 아니라 문화예술의 수준으로 평가된다. 문화가 곧 경제이고 경제가 곧 문화인 시대가 왔다. 최근에 지방자치단체에서 지역민들을 위하여 문화 인프라를 깔고 삶의 질을 향상시키는 다양한 문화아이템을 개발하고 있는 것도 이 때문이다. 중소도시나 농어촌 지역에도 문화광장이 들어서 가족과 함께 자전거를 타고 뮤지컬을 감상할 수 있는 공간이 필요하고, 누구든지 마음만 먹으면 공연할 수 있는 무대와 음향과 조명이 갖춰진 야외공간이 있어야 한다. 그런 환경을 만들기 위하여 관과 민과 기업과 사회가 함께 힘을 합해야할 것이다. 지방자치단체는 지역민들 문화로 삶의 질을 높일 수 있도록 좋은 환경을 만들어줘야 하고, 예술인들은 뜻을 합쳐 예향 전북에 걸맞은 문화예술의 수준과 깊이를 만들어가야 할 것이다.

대한민국 꿈의 땅 새만금에도 문화가 먼저 들어가야 한다. 문화와 관광이 접목된 문화관광특구가 필요하다. 전북예술을 한눈에 볼 수 있고, 예술인들이 창작활동을 하면서 언제든지 작품을 발표할 수 있는 최고의 문화촌을 만들어야 한다. 오페라하우스는 물론, 미술박물관, 문학관, 교육관 등이 들어서고, 낙안읍성이나 민속촌 같은 예술인 창작촌이 있어 예술인과 관광객이 함께하는 체험스튜디오도 필요하다. 관광객들이 찾아오면 사계절 작품을 만나고 즐길 수 있는 무대와 전시공간이 있어야 한다. 예술인이 참여하고 운영하는 특구가 되어 예술인 일자리 창출에 도움이 되는 새만금 문화관광특구가 들어서기를 간절히 고대한다.

다시 한 번 이명박 대통령이 밝힌 "지역 간 계층 간 문화

향유의 불균형을 줄이고, 농촌, 산촌, 어촌 전국 어느 곳에서나 누구든지, 일상 속에서 문화를 즐길 수 있는 나라를 만들고자 한다."는 소견과 정책에 큰 기대를 걸면서, 우리 모두가 문화라는 광맥에서 행복이라는 부가가치를 창출하는 데 더 노력하고 전진해야할 것이다.

예술이 기가 막혀

육각수라는 남성 듀엣가수가 부른 노래 중에 〈흥부가 기가 막혀〉라는 노래가 있다. 엄동설한에 집을 나가라는 놀부 형님에게 "어느 곳으로 가면 산단 말이요, 갈 곳이나 일러주시오."라고 애원하자, 놀부는 "아따 이놈아 내가 니 갈 곳까지 일러주랴. 잔소리 말고 썩 꺼져라."고 내쫓는다. 흥부가 기가 막혀, "어디서부터 잘못됐나, 이제 나는 어디로 가야 하나."라고 하소연하는 노래이다.

이 노래가 인기를 얻자, 이번에는 〈놀부가 기가 막혀〉라는 연극이 나와서 관객을 끌고 있다. 역으로 생각하여 동생인 흥부를 보살피지 않은 것을 흉이라 생각했던 시대를 비판하는 내용이다.

예술이라는 말을 사전에서 찾으면 "기예와 학술을 아울러 이르는 말", "아름답고 높은 경지에 이른 숙련된 기술"이라고 적혀 있다. 쉽게 풀어서 다른 사람에게 자기의 감정이나 사상을 전달하는 수단, 또는 아름다움을 창조하는 기술이라고 정리하고 있다. 현재 우리나라 예술문화단체에 소속돼 있는 분야는 국악과 연극, 무용, 음악을 비롯하여 문학과 미술, 사진, 건축 등 10개가 있다.

예술단체에 몸담고 있는 나는 가끔 〈개미와 배짱이〉라는 우화를 들으면서 "예술인은 개미에 속할까? 베짱이에 속할까?"를 생각해본다. 보통 사람들은 예술인을 베짱이로 생각하거나 비유하는 경우가 많다. 저명인사 가운데도 실제로 그렇게 글을 쓰고 강연하는 사람들도 보았다. 그들의 취지는 베짱이를 욕하려는 것이 아니라, 자기가 좋아하는 일을 하다 보면 언젠가는 좋은 결과가 온다는 뜻으로 해석하고 있다. 그러면서 앞으로 세상을 지배하는 것은 문화콘텐츠며, 그 역할을 할 사람들이 베짱이와 같은 문화예술인들이라고 말한다. 또한 열심히 일만하는 개미의 생활보다는 자기의 소질을 찾아, 하고 싶은 일을 한 베짱이가 더 성공할 수 있다는 것이다. 따라서 청소년들이 예능계로 진출하려는 것을 막지 말아야 하고, 우리나라도 베짱이와 같은 문화예술분야(문화산업)에 더 많은 투자를 해야 한다는 것이다.

옳은 말이다. 앞으로는 선진국의 기준이 경제가 아니라 문화의 수준이 척도가 되고, 공장에서 생산하는 제품만 수출하는 것이 아니라 문화예술의 수출이 더 큰 경제적 효과를 가져올 것이 분명하다. 〈쥬라기공원〉 영화 한 편이 벌어들인 외화가 현대차가 1년 동안 수출해서 번 돈보다 많았다는 것은 잘 알려진 사실이다. 우리나라의 전통문화를 일본은 물론 중국과 동남아, 중동국가를 넘어 남미와 아프리카까지 소개시킨 이른바 한류열풍을 일으킨 것도 예술문화다. 위에서 지적한 대로 예술인들의 역할이 크고 중요하다는 말에 동의한다.

그러나 나는 "예술인은 베짱이가 아니다!"라고 말하고 싶다. 백수에 불과한 베짱이를 예술인으로 비유하는 것은 큰 잘못이다. 한여름 시원한 그늘에서 노래만 부르다가 겨울에 먹을 것이 없어 개미네 집으로 동냥을 하러간 베짱이는 분명 예술인이 아니다.

얼마 전에 김연아 선수의 발이 공개되었다. 상처투성이 김연아 선수의 발을 본 국민들은 모두 놀랐다. 온 국민에게 환희와 행복을 안겨준 피겨여왕, 백조 같은 모습만 보아온 김연아의 구두 속에 그런 아픔이 있었다는 것을 누가 생각이나 했겠는가! 예술인도 마찬가지다. 예술인들처럼 노력하고 땀 흘리는 사람도 많지 않을 것이다. 발톱이 빠지고, 목이 터지고, 밤을 새우며 글을 쓰고, 그림을 그리고, 손에 물집이 생기도록 줄을 튕겨야 하는 사람들이다. 한여름에도 베짱이처럼 쉴 수가 없다. 득음을 위해 계곡을 찾아야 하고, 레슨과 강습을 받아야 하고, 작품을 만들기 위해 산과 들을 헤매야 한다. 예술의 경지에 이른다는 것은 아마추어 등산가가 에레베스트 산을 정복하는 것만큼이나 어려운 일이라 생각한다. 이제는 예술인을 베짱이로 비유하는 일은 없어야할 것이다. 아직도 그렇게 생각하는 사람이 있다면 예술이 기가 막혀, 창작활동을 멈춰야할 것이다. 국민들에게 기쁨을 주고, 여유를 찾게 하고, 행복을 주는 예술인들이야말로 높이 찬사를 받아야 마땅하다. 예술인들의 작품을 감상하면서, 공연을 보면서 그들의 작품 뒤에 숨어 있을 김연아의 발 같은 또 다른 세상을 생각해 주었으면 좋겠다.

■ 마무리 글

참으로 부끄럽습니다.

등단한 지 10개월도 못 돼 수필집을 낸다는 것이 죄송할 뿐입니다. 요즘에 글 같지 않은 글로 책을 내고 작가라는 이름으로 활동하는 사람들이 많다는 소리를 자주 들었습니다. 그래서 많이 망설였습니다만 올해가 회갑인지라 핑계를 대고 용기를 냈습니다.

여자를 보기도 전에 상투를 튼 기분입니다. 부족한 점을 부끄럽게 생각하면서 글을 대할 때마다 자신을 많이 채찍질하고, 다시는 이런 글은 쓰지 않겠다는 교훈으로 삼겠습니다.

글머리에 쓴 〈봄 병아리의 꿈〉처럼 지금은 비록 병아리에 불과하지만 얼마 뒤에는 약병아리로 커서 영계가 되고 나중에는 계란 잘 낳는 씨암탉으로 크겠습니다.

그동안 도움을 주신 많은 분들에게 진심으로 감사드립니다. 특히 저에게 수필을 쓰게 해준 언론계의 선배이신 김학 회장님과 글쓰기를 도와주신 김한하 작가님에게 큰 감사드립니다.

2010. 10.

백봉기 수필집

여자가 밥을 살 때까지

초판인쇄 / 2010년 10월 8일
초판발행 / 2010년 10월 15일

지 은 이 / 백 봉 기
발 행 인 / 서 정 환
발 행 처 / 신아출판사

출판등록 / 1984년 8월 17일 제28호
주 소 / 전주시 태평동 251-30
전 화 / (063)275-4000, 252-5633
전자우편 / sina321@hanmail.net
shina321@chol.com

값 10,000원

ISBN 978-89-5925-761-4 03810